Cuisiner avec Cook Expert

SABRINA FAUDA-RÔLE
AKIKO IDA

Cuisiner avec Cook Expert

MARABOUT

sommaire

OK
Expert
magimix

PULSE
OK
Robot
magimix

Les nombreuses possibilités d'utilisation de ce robot cuiseur multifonction le rendent vite indispensable au quotidien.

Premier point fort : l'ergonomie, la facilité d'utilisation et d'entretien, qui sont un gain de temps considérable lors de la préparation des repas, mais également la sécurité, autant pour le cuisinier que pour tous les membres de la famille. On ne peut pas se brûler par exemple en touchant le bol inox en fonctionnement.

Deuxième point fort : une fois la cuisson lancée, pas besoin de surveillance. On peut s'occuper d'une autre préparation qui ne nécessite pas l'utilisation du robot ou faire autre chose en même temps.

Troisième point fort : il permet de réaliser des recettes que l'on n'aurait jamais osé tester avant lorsqu'on est novice en cuisine. On gagne en confiance, car les plats sont réussis et on peut se permettre par la suite de tester et créer ses propres recettes.

J'ai cuisiné avec ce robot autant de recettes classiques que tendance, végétariennes ou à base de viande ou de poisson, crues ou cuites ; les possibilités sont infinies, grâce notamment à la combinaison du robot multifonction et du robot cuiseur pour certaines recettes.

Les recettes de ce livre font partie de mes recettes préférées que je cuisine habituellement de manière classique (avec des poêles, des casseroles, une multiplicité de couteaux, de planches, une râpe manuelle, etc.) et que j'ai adaptées au Cook Expert. J'ai aussi élaboré des créations uniques avec ce robot, car il m'a inspiré de nouvelles préparations. Plus on l'utilise, plus on l'apprivoise, plus on a de nouvelles idées de recettes.

L'utilisation de produits de saison d'une fraîcheur optimale est très importante pour moi, et j'ai donc essayé de respecter au maximum l'utilisation de produits de la même saison dans ces recettes, en balayant au maximum les produits-phares des 4 saisons.

Pour la facilité mais également pour les petites envies de produits hors saison, j'ai eu souvent recours à l'utilisation de produits bruts surgelés, si pratiques au quotidien (légumes, fruits, filets de poisson, ail, oignon, condiments, etc.). On peut les congeler soi-même ou les acheter déjà surgelés.

On trouve également un panel assez large de recettes à base de céréales et de légumineuses, pour varier les repas, associés à des légumes et divers condiments et épices. Ce sont des recettes que l'on peut facilement réaliser mais aussi transformer, adapter au goût de chacun, à condition de respecter les quantités.

J'utilise beaucoup d'herbes fraîches et d'épices dans ma cuisine ; elles permettent de transformer radicalement une recette et de faire d'une recette simple du quotidien un plat exceptionnellement savoureux. Je conserve mes épices dans des bocaux en verre à l'abri de la lumière et de l'humidité. Je lave mes bouquets d'herbes et je les sèche avant de les conserver dans un bocal hermétique avec un papier absorbant au fond, au réfrigérateur. Elles se conservent ainsi une semaine.

Apéro

PURÉE D'AVOCAT
FAÇON GUACAMOLE

- 2 avocats (350 g)
- 1 citron vert
- 6 branches de coriandre
- 4 tomates cerises
- 2 cuillerées à soupe de noix de coco
- 1 cuillerée à café de piment rouge frais
  (ou 1 cuillerée à café de piment de cayenne)
- 1 pincée de sel
- 1 pincée de poivre noir moulu

POUR	PRÉPARATION	CUISSON
4 PERSONNES	5 MINUTES	0

PROGRAMME

ROBOT

1. Couper et vider les avocats. Mettre la chair dans le mini bol du robot.
2. Ajouter le jus de citron vert, la coriandre lavée, les tomates, la noix de coco, le sel, le poivre et le piment. Sélectionner le programme **ROBOT**, **30 secondes**.
3. Remuer et relancer le programme 30 secondes jusqu'à la consistance souhaitée.
4. Servir avec des tortillas, des tranches de pain grillées ou des bâtonnets de légumes.

HOUMOUS
CAROTTE HARICOT ROUGE

- 350 g de carottes
- 2 gousses d'ail dégermées
- 2 cuillerées à soupe d'huile d'olive
- 1 cuillerée à café de cumin en graines
- 1 cuillerée à café de curcuma en poudre
- 1 cuillerée à café de coriandre en graines
- 100 g de purée de sésame
- 1 boîte de conserve de haricots rouges (400 g > 250 g égouttés)
- 1 pincée de sel

POUR	PRÉPARATION	CUISSON
6 PERSONNES	**5** MINUTES	**20** MINUTES AU COOK EXPERT

PROGRAMMES

EXPERT SMOOTHIE

1. Laver et couper les carottes en grosses rondelles. Les placer dans le bol inox avec l'ail, l'huile d'olive, le cumin, le curcuma et les graines de coriandre écrasées. Lancer le programme **EXPERT**, **20 minutes/ vitesse 2A/120 °C**.
2. Ajouter par l'ouverture la purée de sésame, les haricots rouges égouttés et le sel. Lancer le programme **SMOOTHIE**.
3. Servir avec des bâtonnets de légumes ou du pain grillé.

TOAST
AVOCAT

- 4 avocats
- 12 branches de coriandre
- 1 petite pomme granny smith
- Le jus de 1 citron vert
- 75 g de fromage frais (chèvre, vache ou brebis au choix)
- 1 cuillerée à café de graines de moutarde
- 1 cuillerée à soupe d'huile d'olive
- 4 tranches de pain aux graines ou de pain noir
- Graines germées pour servir
- 1 pincée de sel
- 1 pincée de poivre noir moulu

POUR	PRÉPARATION	CUISSON
4 PERSONNES	10 MINUTES	0

PROGRAMME

ROBOT

ACCESSOIRE

E4
DISQUE ÉMINCEUR 4 MM

1. Rincer, sécher et effeuiller la coriandre.

2. Couper la pomme en quartiers, retirer le cœur. Installer le bol transparent et le midi bol avec le disque éminceur 4 mm. Émincer la pomme, arroser les tranches de pomme de la moitié du jus de citron vert.

3. Couper 3 avocats en 2, retirer les noyaux et la peau. Les mettre dans le bol transparent avec le couteau métal, ajouter la moitié du jus de citron vert, le fromage frais, le sel, le poivre, les graines de moutarde et l'huile d'olive. **Mixer pendant 30 secondes**.

4. Étaler la purée d'avocat sur les tranches de pain, ajouter quelques tranches de pomme, parsemer de graines germées.

5. Saler, poivrer et ajouter un peu d'huile d'olive au moment de servir.

RILLETTES
DE HADDOCK

- 200 g de haddock en tranche ou en filet
- 200 g de mascarpone
- 2 brins d'aneth
- Le jus et le zeste de ½ orange
- Le jus de ½ citron vert
- 2 pincées de poivre noir moulu

POUR	PRÉPARATION	CUISSON
4 PERSONNES	5 MINUTES	0

PROGRAMME

ROBOT

1. Rincer, sécher et effeuiller l'aneth.
2. Retirer la peau du filet de haddock s'il y en a.
3. Placer le haddock avec le mascarpone, l'aneth, le jus et le zeste d'orange, le jus de citron vert et le poivre dans le bol transparent avec le couteau métal. **Mixer pendant 30 secondes.**
4. Placer la préparation au frais dans un bol recouvert de film alimentaire avant de servir.

RILLETTES
DE MAQUEREAU

- 250 g de filets de maquereaux fumés au poivre
- 200 g de fromage frais type St Morêt®
- 4 branches de persil
- 12 brins de ciboulette
- Le jus et le zeste de 1 citron vert

POUR	PRÉPARATION	CUISSON
4 PERSONNES	5 MINUTES	0

PROGRAMME

ROBOT

1. Rincer, sécher et effeuiller séparément le persil et la ciboulette.
2. Retirer la peau des filets de maquereaux.
3. Placer la chair de maquereau avec le fromage frais, le persil, la ciboulette grossièrement ciselée, le jus et le zeste de citron vert dans le bol transparent avec le couteau métal.
4. **Mixer pendant 30 secondes.**
5. Placer la préparation au frais dans un bol recouvert de film alimentaire avant de servir.

GOUGÈRES
CHANTILLY AU BLEU

- 150 g de comté
- 80 g de beurre
- 200 ml d'eau
- 180 g de farine
- 3 œufs (60 g environ)
- 100 ml de crème fleurette bien froide (30 % de mat grasse minimum)
- 50 g de fromage bleu émietté (bleu d'Auvergne, fourme, roquefort)
- 1 pincée de sel
- 1 pincée de poivre noir moulu

POUR	PRÉPARATION	CUISSON
4 PERSONNES	10 MINUTES	5 MINUTES AU COOK EXPERT 25 MINUTES AU FOUR

PROGRAMMES

EXPERT

BLANCS EN NEIGE

1. Préchauffer le four à 180 °C.
2. Mettre le comté sans la croûte dans le bol inox, lancer le programme **EXPERT**, **30 secondes/vitesse 15**. Vider le bol et réserver le fromage en poudre.
3. Placer dans le bol inox le beurre coupé en morceaux et l'eau. Lancer le programme **EXPERT**, **2 minutes/vitesse 4/90 °C**.
4. Ajouter la farine, le sel et le poivre, relancer le programme **EXPERT**, **3 minutes/vitesse 4/100 °C**.
5. Relancer le programme **EXPERT**, **1 minute/vitesse 10 (sans cuisson)**. Ajouter les œufs un à un pendant le fonctionnement. Ajouter le comté, relancer le programme **EXPERT**, **20 secondes/vitesse 10 (sans cuisson)**.
6. Sur une plaque recouverte de papier de cuisson, poser de petites boules de pâte à gougère à l'aide de 2 cuillères à soupe, bien espacées. Il faudra peut-être faire 2 fournées avec cette quantité de pâte.
7. Enfourner pour 25 minutes. Laisser refroidir.
8. Dans le bol inox, placer le batteur à blancs d'œufs, verser la crème fleurette bien froide, et lancer le programme **BLANCS EN NEIGE**, **4 minutes**. Pendant les 30 dernières secondes, ajouter par l'ouverture les morceaux de fromage bleu émietté.
9. Couper les gougères en 2 dans la largeur et les remplir de chantilly au fromage. Servir immédiatement.

TARAMA

- 200 g d'œufs de cabillaud fumés
- 40 g de pain de mie
- 50 ml de lait
- Le jus de ½ citron
- 25 cl d'huile de tournesol ou de pépins de raisin
- 6 branches d'aneth

POUR	PRÉPARATION	CUISSON
4 PERSONNES	**5** MINUTES	**0**

PROGRAMMES

EXPERT

BLANCS EN NEIGE

1. Enlever la croûte du pain de mie, le mettre à tremper dans le lait dans une petite assiette.
2. Retirer délicatement la fine membrane qui recouvre les œufs de cabillaud.
3. Installer le bol inox, mettre les œufs de cabillaud, le jus de citron et le pain bien essoré.
4. Lancer le programme **EXPERT**, **30 secondes/vitesse 8 (sans cuisson)**.
5. Installer le batteur à blancs et lancer le programme **BLANCS EN NEIGE**.
6. Verser l'huile en filet dans l'ouverture pendant le fonctionnement.
7. Placer la préparation dans un bol 1 heure au minimum au réfrigérateur.
8. Déguster bien frais sur des blinis chauds avec de l'aneth ciselé.

ANCHOÏADE

- 200 g d'anchois à l'huile
- 20 g de beurre
- 1 gousse d'ail dégermée coupée en 4
- 15 g de pain émietté
- 50 ml d'huile d'olive
- Mélange de crudités pour servir
- Œufs durs pour servir

POUR	PRÉPARATION	CUISSON
4 PERSONNES	5 MINUTES	0

PROGRAMME

EXPERT

1. Mettre les anchois avec le beurre coupé en morceaux, l'ail, le pain et l'huile d'olive dans le bol inox.
2. Lancer le programme **EXPERT** **5 minutes, vitesse 7, 110 °C**.
3. Servir chaud avec des bâtonnets de crudités et des œufs durs.

TERRINE DE CANARD

- 2 magrets de canard de 400 g chacun environ
- 200 g de foies de volaille
- 300 g de chair à saucisse
- 50 g d'échalote
- 6 branches de persil effeuillées
- 1 œuf
- 5 g de sucre en poudre
- 2 cuillerées à soupe de cognac
- 2 branches de thym effeuillées
- 2 pincées de piment d'Espelette
- 3 feuilles de laurier
- 6 baies de genièvre écrasées
- 15 g de sel
- 2 pincées de poivre noir moulu

POUR	PRÉPARATION	CUISSON
8 PERSONNES	10 MINUTES	1H30 AU FOUR
UNE TERRINE DE 25 À 30 CM		

PROGRAMME

ROBOT

1. Préchauffer le four à 180 °C.
2. Retirer la peau des magrets en incisant entre le gras et la chair. En tirant, la peau viendra toute seule.
3. Couper la viande en 8 morceaux.
4. Placer les 2 morceaux de gras au fond de la terrine.
5. Mettre les échalotes et le persil dans le bol transparent. **Mixer pendant 20 secondes** pour hacher, ajouter les foies de volaille, les morceaux de magrets, la chair à saucisse, l'œuf, le sel, le sucre, le poivre, le cognac, le thym, le genièvre et 1 pincée de piment d'Espelette.
6. **Mixer à nouveau pendant 20 secondes**, ou plus selon la consistance souhaitée de la terrine.
7. Mettre le mélange dans la terrine sur les gras de magrets, tasser et lisser. Saupoudrer de piment d'Espelette, poser les feuilles de laurier, fermer avec le couvercle de la terrine et enfourner pour 1 h 30. 30 minutes avant la fin, retirer le couvercle pour laisser dorer le dessus de la terrine.
8. Laisser refroidir à couvert à température ambiante avant de placer au frais.

Genievr
Poids net :

TARTINADES

HOUMOUS HARICOTS BLANCS

PRÉPARATION : **5 MINUTES** | PROGRAMME : **ROBOT**

- 400 g de haricots blancs en conserve égouttés
- 1 cuillerée à soupe de concentré de tomates
- 2 branches de basilic effeuillées
- 50 g de purée d'amandes
- 2 cuillerées à soupe d'huile d'olive
- 1 pincée de sel
- 1 pincée de poivre moulu

Placer tous les ingrédients dans le mini bol. **Mixer pendant 1 minute**. Placer au frais avant de servir.

SARDINES

PRÉPARATION : **5 MINUTES** | PROGRAMME : **ROBOT**

- 100 g de sardines à l'huile d'olive égouttées
- 100 g de beurre
- 1 pincée de piment en poudre
- Le jus de ½ citron
- 12 brins de ciboulette grossièrement ciselées

Placer tous les ingrédients dans le mini bol. **Mixer pendant 30 secondes**. Placer au frais avant de servir.

THON

PRÉPARATION : 5 MINUTES | PROGRAMME : ROBOT

- 160 g de thon au naturel en boîte égoutté
- 150 g de fromage frais type St Morêt®
- 1 échalote
- 2 branches de menthe rincées et effeuillées
- 2 cuillerées à soupe d'huile d'olive
- 1 pincée de sel
- 1 pincée de poivre noir moulu

Peler et couper l'échalote en 4. La placer dans le mini bol. **Hacher pendant 15 secondes**. Ajouter le thon, la menthe, le fromage frais, le sel, le poivre et l'huile d'olive. **Mixer pendant 30 secondes**.

HOUMOUS POIS CHICHES

PRÉPARATION : 5 MINUTES | PROGRAMME : ROBOT

- 400 g de pois chiches en conserve égouttés
- 50 g de purée de sésame
- ½ citron confit coupé en 4
- Le jus de ½ citron
- 2 cuillerées à soupe d'huile d'olive
- 4 cuillerées à soupe d'eau
- 1 pincée de sel

Placer tous les ingrédients dans le mini bol. **Mixer pendant 1 minute**. Placer au frais avant de servir.

APÉRO DÎNATOIRE

POUR : 4 PERSONNES | PRÉPARATION : 1 HEURE
CUISSON : 15 MINUTES AU COOK EXPERT/16 MINUTES AU FOUR
PROGRAMMES : ROBOT/PÂTE/GÂTEAU/EXPERT/SMOOTHIE
ACCESSOIRES : DISQUE ÉMINCEUR 2 MM/DISQUE RÂPEUR 2 MM

PÂTE À TACOS

- 250 g de farine T80
- 120 ml d'eau
- 1 cuillerée à café de sel
- 50 g d'huile de tournesol

Installer le bol inox, mettre tous les ingrédients de la pâte à tacos et lancer le programme **PÂTE/GÂTEAU**.
Former une boule avec la pâte et la mettre dans un bol recouvert d'un torchon à température ambiante.
Faire 8 petites boules avec la pâte à tacos et les étaler finement avec un rouleau à pâtisserie.
Faire chauffer une grande poêle à feu moyen, cuire les tortillas 1 minute de chaque côté. Les garder au chaud dans un bol couvert d'un torchon.

PIÑA COLADA (2 VERRES)

- 2 boules de glace à la noix de coco
- le reste d'ananas conservé au congélateur de la recette du carpaccio d'ananas
- 150 ml de rhum blanc
- 250 g de glaçons

FROZEN MARGARITA (2 VERRES)

- 8 ml de tequila
- 40 ml de cointreau
- Le jus de ½ citron vert
- Le jus de ½ orange
- 20 ml de sucre de canne liquide
- 250 g de glaçons
- Fleur de sel

Pour les cocktails : rincer le bol inox, mettre tous les ingrédients et lancer pour chacun le programme **SMOOTHIE**.

SALSA

- 2 tomates mûres coupées en 4
- 1 oignon nouveau coupé en 4
- 1 petit piment vert doux
- Le jus et le zeste de 1 citron vert
- 12 branches de coriandre fraîche effeuillées
- 2 pincées de sel

Rincer le mini bol, la replacer, mettre tous les ingrédients de la salsa, **mixer 15 secondes**. Mettre dans un bol, couvrir de film alimentaire et placer au réfrigérateur.

GUACAMOLE

- 2 gros avocats mûrs pelés (garder 1 noyau)
- 1 petit piment vert doux
- Le jus de 1 citron vert
- 12 branches de coriandre fraîche effeuillées
- 2 pincées de sel

Rincer le bol transparent, la replacer, mettre tous les ingrédients du guacamole, en gardant la moitié du jus de citron vert. **Mixer 15 secondes**. Mettre dans un bol, enfoncer le noyau dans la préparation et arroser du reste de jus de citron vert (pour éviter qu'il ne noircisse). Couvrir de film alimentaire et placer au frais.

GARNITURE TACOS

- 500 g de blancs de poulet
- Le jus de 1 citron vert
- 1 gousse d'ail dégermée et hachée
- 1 petit poivron rouge épépiné et émincé
- 1 petit poivron vert épépiné et émincé
- 4 cuillerées à soupe d'huile d'olive
- 2 pincées de sel
- 2 pincées de poivre moulu
- 200 g de cheddar
- 200 g de gruyère
- Coriandre fraîche effeuillée

Couper les blancs de poulet en morceaux de 3 cm, les placer dans un bol, arroser de jus de citron vert, mélanger avec l'ail haché, les poivrons émincés, l'huile d'olive, le sel et le poivre. Placer au frais couvert de film alimentaire. Installer le midi bol, mettre le poulet et sa marinade, lancer le programme **EXPERT**, **15 minutes/vitesse 1A/120 °C**. Rincer le bol, placer le disque râpeur 2 mm. **Râper le cheddar et l'emmental**. Placer au frais.

CARPACCIO D'ANANAS

- 1 gros ananas bien mûr
- 10 g de gingembre
- 2 cuillerées à soupe de cassonade
- Le jus et le zeste de 1 citron vert

Couper le plumeau de l'ananas et le peler. Le couper en 2 dans la longueur.
Installer le bol transparent et le disque éminceur 2 mm. **Émincer l'ananas**. Garder 200 g et les placer dans un sac congélation au congélateur.
Installer le mini bol. Mettre le gingembre, la cassonade, le jus et le zeste de citron vert et **mixer** **pendant 15 secondes**.
Étaler les tranches d'ananas sur une grande assiette, arroser de la sauce, couvrir de film alimentaire et placer au réfrigérateur 1 h minimum.

Placer sur la table le guacamole, la salsa, le fromage râpé. Tartiner les tacos de guacamole, ajouter des morceaux de poulet et de poivron, ajouter la salsa, parsemer de fromage râpé au choix et de feuilles de coriandre.

Servir le carpaccio d'ananas bien frais pour le dessert.

Entrées

ASPERGES AU BEURRE
ESTRAGON ET BALSAMIQUE

- 500 g d'asperges vertes
- 50 g de beurre
- 2 cuillerées à soupe de vinaigre balsamique
- 25 ml d'eau
- 1 petit bouquet d'estragon effeuillé
- 1 cuillerée à café de sel

POUR	PRÉPARATION	CUISSON
2 PERSONNES	**5** MINUTES	**15** MINUTES AU COOK EXPERT

PROGRAMME

EXPERT

1. Enlever la partie basse des asperges qui est plus dure puis couper les asperges en tronçons de 5 cm environ.
2. Placer dans le bol inox le beurre coupé en morceaux, le vinaigre balsamique, le sel, l'eau, les asperges et la moitié de l'estragon.
3. Lancer le programme **EXPERT**, **15 minutes/vitesse 1A/95 °C**.
4. Servir chaud ou tiède avec le reste de l'estragon ciselé.

SALADE
FENOUIL RADIS CAROTTE

- 250 g de carottes
- 250 g de radis roses
- 250 g de fenouil
- 100 g de yaourt à la grecque
- ½ orange (100 g environ)
- 2 cuillerées à soupe d'huile d'olive
- 4 branches de menthe effeuillées
- 2 pincées de sel

POUR	PRÉPARATION	CUISSON
6 PERSONNES	5 MINUTES	0

PROGRAMME

ROBOT

ACCESSOIRE

R2 DISQUE RÂPEUR 2 MM

1. Laver les légumes.
2. Installer le midi bol avec le disque râpeur 2 mm. **Râper tous les légumes**.
3. Installer le mini bol, ajouter le yaourt, l'orange coupée en 4 morceaux, l'huile d'olive, la menthe et le sel. **Mixer les ingrédients pendant 20 secondes**.
4. Mélanger la sauce et les légumes râpés.
5. Placer au réfrigérateur 30 minutes et servir bien frais.

STOP
AUTO
PULSE
OK
Robot
magimix

SALADE DE CHAMPIGNONS

- 500 g de champignons de Paris
- 8 branches de coriandre
- 8 branches de persil
- 10 g de gingembre
- 1 gousse d'ail dégermée
- 12 brins de ciboulette
- 1 pot de yaourt nature
- 4 cuillerées à soupe d'huile d'olive
- Le jus de ½ citron
- 2 pincées de sel
- 1 pincée de poivre noir du moulin

POUR	PRÉPARATION	CUISSON
4 PERSONNES	10 MINUTES	0

PROGRAMME

ROBOT

ACCESSOIRE

E4

DISQUE ÉMINCEUR 4 MM

1. Ôter la partie dure ou abîmée des pieds des champignons. Rincer les champignons et les sécher soigneusement.
2. Installer le bol transparent avec le disque éminceur 4 mm.
3. **Émincer les champignons**, les placer dans un plat creux.
4. Rincer, sécher et effeuiller la coriandre et le persil. Éplucher le gingembre.
5. Installer le mini bol. Placer le gingembre et la gousse d'ail.
6. **Hacher 15 secondes**. Ajouter les feuilles de coriandre et le persil, la ciboulette grossièrement ciselée et **hacher à nouveau 20 secondes**. Ajouter le yaourt, l'huile d'olive, le jus de citron, le sel et le poivre et **mixer pendant 20 secondes**.
7. Verser la sauce sur les champignons et mélanger. Placer au frais avant de servir.

SALADE
CÉLERI POMME CREVETTES

- 4 grosses branches de céleri
- 1 pomme granny smith
- Le jus de 1 citron vert
- 1 jaune d'œuf
- 1 cuillerée à café de moutarde
- 1 cuillerée à soupe de purée de cacahuètes
- 10 cl d'huile de tournesol ou de pépins de raisin
- 200 g de crevettes décortiquées
- 40 g de cacahuètes grillées salées
- 1 pincée de sel
- 1 pincée de poivre noir moulu ou de piment de Cayenne

POUR	PRÉPARATION	CUISSON
4 PERSONNES	10 MINUTES	0

PROGRAMMES

ROBOT
BLANCS EN NEIGE

ACCESSOIRES

E2 DISQUE ÉMINCEUR 2 MM
E4 DISQUE ÉMINCEUR 4 MM

1. Rincer les branches de céleri, couper les feuilles (en réserver quelques-unes). Couper la pomme en 2 dans la hauteur et retirer le cœur à l'aide de la pointe d'un couteau.
2. Installer le midi bol du robot avec le disque éminceur 2 mm.
3. Lancer le programme **ROBOT** et émincer les branches de céleri.
4. Installer le disque éminceur 4 mm et émincer la pomme. Arroser le tout de la moitié du jus de citron vert.
5. Installer le bol inox avec le batteur à blancs. Mettre le jaune d'œuf, la moutarde, la purée de cacahuètes, le sel et le poivre. Lancer le programme **BLANCS EN NEIGE**, **vitesse 7**.
6. Au bout de 30 secondes, ajouter l'huile en filet petit à petit pour faire monter la mayonnaise. 30 secondes avant la fin, ajouter l'autre moitié de jus de citron vert.
7. Mélanger le céleri émincé, les tranches de pomme et les crevettes décortiquées avec la mayonnaise.
8. Servir avec quelques feuilles de céleri ciselées et des cacahuètes hachées.

CÉLERI RÉMOULADE

- 700 g de céleri-rave
- le jus de ½ citron
- 1 jaune d'œuf
- 1 cuillerée à soupe de moutarde à l'ancienne
- 10 cl d'huile de tournesol ou de pépins de raisin
- 1 cuillerée à soupe de vinaigre de cidre
- 4 cornichons coupés en rondelles
- 1 petit bouquet de ciboulette
- 1 pincée de sel
- 1 pincée de poivre

POUR	PRÉPARATION	REPOS
4 PERSONNES	10 MINUTES	1h

PROGRAMMES

ROBOT

BLANCS EN NEIGE

ACCESSOIRE

DISQUE RÂPEUR 2 MM

1. Éplucher le céleri-rave. Le couper en bâtons de 4 cm de large.
2. Installer le midi bol du robot avec le disque râpeur 2 mm.
3. Lancer le programme **ROBOT** et râper le céleri-rave, le mettre dans un bol et arroser immédiatement de jus de citron.
4. Installer le bol inox avec le batteur à blancs. Mettre le jaune d'œuf, la moutarde, le sel et le poivre dans le mini bol.
5. Lancer le programme **BLANCS EN NEIGE**, **vitesse 7**. Au bout de 30 secondes, ajouter l'huile en filet petit à petit pour faire monter la mayonnaise. Puis, 30 secondes avant la fin, ajouter le vinaigre et les cornichons coupés en rondelles.
6. Mélanger le céleri râpé avec la mayonnaise et la ciboulette finement ciselée.
7. Placer au frais 1 heure au minimum avant de servir.

SALADE DE
CHOUX DE BRUXELLES

- 500 g de choux de Bruxelles
- 1 cuillerée à soupe de miel
- 2 cuillerées à soupe d'huile d'olive
- 50 g d'anchois
- 3 cuillerées à soupe d'huile d'olive
- ½ citron jaune
- 2 branches de thym
- Huile d'olive
- 50 ml d'eau
- 2 boules de mozzarella de 200 g
- Croûtons
- 3 pincées de sel
- 3 pincées de poivre noir moulu

POUR 4 PERSONNES

PRÉPARATION 10 MINUTES

CUISSON 30 MINUTES AU COOK EXPERT

PROGRAMMES

EXPERT

ROBOT

ACCESSOIRE

R2 DISQUE RÂPEUR 2 MM

1. Pour les choux cuits, couper la base de 250 g de choux et éliminer les feuilles abîmées.

   Placer les choux dans le bol inox avec le miel, l'huile d'olive, 1 pincée de sel et 1 pincée de poivre et lancer le programme **EXPERT**, **30 minutes/vitesse 1A/140 °C**. Laisser tiédir les choux.

2. Pour les choux crus, couper la base dure des choux et éliminer les feuilles abîmées. Les émincer dans le midi bol du robot avec le **disque râpeur 2 mm**. Dans le mini bol, mettre les anchois, le ½ citron entier, l'huile d'olive, le thym effeuillé, le sel et poivre et l'eau. Lancer le programme **ROBOT**, **30 secondes**. Mélanger les choux crus émincés avec la sauce.

3. Dresser sur 4 assiettes de la salade de choux crus, des morceaux de mozzarella et des choux cuits.

4. Assaisonner de sel et poivre avant de servir avec un filet d'huile d'olive et quelques croûtons.

SALADE
THAÏE

- ½ chou chinois
- 1 carotte (80 g)
- 1 petit poivron rouge (100 g)
- 1 oignon nouveau
- 1 petit bouquet de coriandre ciselée
- 1 cuillerée à soupe de graines de sésame grillées

SAUCE
- 1 bâton de citronnelle
- Le jus de 2 citrons verts
- 20 noix de cajou
- 2 cuillerées à soupe de sauce soja
- 1 cuillerée à café de sucre
- 2 cuillerées à soupe d'huile de sésame
- Sel et poivre noir du moulin

POUR	PRÉPARATION	CUISSON
4 PERSONNES	10 MINUTES	0

PROGRAMME

ROBOT

ACCESSOIRES

E2 DISQUE ÉMINCEUR 2 MM

R4 DISQUE RÂPEUR 4 MM

1. Couper la partie centrale dure du chou chinois. Laver la carotte, le poivron et l'oignon.
2. Placer le midi bol avec le disque éminceur 2 mm.
3. **Émincer le chou chinois et l'oignon nouveau**. Installer le disque râpeur 4 mm. **Râper la carotte et le poivron**.
4. Mélanger les légumes émincés et râpés dans un saladier avec les graines de sésame, placer au frais.
5. Installer le mini bol.
6. Pour la sauce, couper la base de la citronnelle et enlever la première feuille dure. Couper en 6 morceaux et placer dans le bol. **Hacher pendant 20 secondes**. Ajouter le jus des citrons verts, les noix de cajou, la sauce soja, le sucre, l'huile de sésame, du sel et du poivre. **Mixer pendant 20 secondes**.
7. Verser dans le saladier, mélanger et servir avec la coriandre ciselée.

ASPERGES

& ŒUFS MOLLETS

- 500 g d'asperges vertes de calibre moyen
- 4 gros œufs

VINAIGRETTE

- 2 cuillerées à soupe de vinaigre balsamique
- 4 cuillerées à soupe d'huile d'olive
- 2 cuillerées à soupe de cerfeuil ciselé
- Sel et poivre noir du moulin

POUR	PRÉPARATION	CUISSON
4 PERSONNES	10 MINUTES	15 MINUTES AU COOK EXPERT

PROGRAMME

VAPEUR

1. Couper la partie dure de la queue des asperges.
2. Placer le bol inox avec 500 ml d'eau chaude et 1 cuillerée à soupe de gros sel, mettre les asperges dans l'eau, pointes vers le haut. Lancer le programme **VAPEUR**, **9 minutes**.
3. À la fin du programme, placer les œufs dans le panier vapeur en laissant les asperges sans casser les têtes et relancer le programme **VAPEUR**, **6 minutes**.
4. Pendant ce temps, mélanger tous les ingrédients de la vinaigrette.
5. À la fin du programme, mettre immédiatement les œufs dans un bol d'eau froide et les asperges dans un bol d'eau glacée. Casser les œufs dans l'eau et les écaler. Égoutter et sécher les asperges.
6. Servir les asperges avec les œufs mollets et la vinaigrette.

SALADE
POMME CAROTTE CÉLERI

- 1 carotte (80 g)
- 1 petite pomme reinette
- 200 g de céleri-rave
- 1 cuillerée à soupe de graines de sésame
- 10 feuilles de menthe ciselées

SAUCE
- 1 yaourt à la grecque
- Le zeste de 1 citron
- 3 cuillerées à soupe d'huile d'olive

VINAIGRETTE
- 4 cuillerées à soupe d'huile d'olive
- Le jus de 1 citron
- 3 cuillerées à soupe de vinaigre balsamique
- 1 cuillerée à soupe de sucre roux
- Sel et poivre du moulin

POUR	PRÉPARATION	CUISSON
4 PERSONNES	10 MINUTES	0

PROGRAMME

ROBOT

ACCESSOIRE

R4

DISQUE RÂPEUR 4 MM

1. Mélanger les ingrédients de la vinaigrette, assaisonner de sel et de poivre et laisser reposer le temps de préparer le reste pour que le sucre fonde.
2. Laver et rincer la carotte et la pomme. Couper la pomme en 4, retirer le cœur.
3. Éplucher le céleri-rave, le couper en bâtons de 4 cm. Installer le midi bol et le disque râpeur 4 mm.
4. **Râper la carotte, le céleri-rave et la pomme**.
5. Placer dans un saladier avec les graines de sésame, ajouter la vinaigrette, mélanger et placer au frais.
6. Mélanger les ingrédients de la sauce, saler et poivrer, et servir avec la salade râpée, parsemée de feuilles de menthe ciselées.

COLESLAW
LÉGER

- 250 g de chou blanc
- 250 g de chou rouge
- 100 g de yaourt à la grecque
- 6 branches de menthe effeuillées
- 1 cuillerée à café de coriandre en grains
- 2 cuillerées à soupe d'huile de pépins de raisin ou de tournesol
- 1 cuillerée à soupe de vinaigre de cidre
- 1 cuillerée à soupe de miel
- 1 cuillerée à soupe de moutarde
- 1 pincée de sel
- 1 pincée de poivre moulu

POUR	PRÉPARATION	CUISSON
4 PERSONNES	5 MINUTES	0

PROGRAMME

ROBOT

ACCESSOIRE

R4

DISQUE RÂPEUR 4 MM

1. Dans le mini bol, mettre le yaourt, la menthe, la coriandre, l'huile, le vinaigre, le miel, la moutarde, le sel et le poivre.
2. **Mixer pendant 30 secondes**.
3. Installer le midi bol avec le disque râpeur 4 mm.
4. **Râper les choux rouge et blanc**.
5. Mélanger le chou râpé à la sauce et placer au réfrigérateur pour 1 heure.
6. Servir frais.

AUTO
OK
Robot
magimix

TABOULÉ DE
CHOU-FLEUR

- 250 g de fleurettes de chou-fleur
- 1 concombre
- 1 petit oignon rouge
- 150 g de pois chiches en conserve
- 400 g de tomates cerises
- 2 brins de menthe
- 2 brins d'estragon
- 4 cuillerées à soupe d'huile d'olive
- Le jus de 1 citron
- Sel et poivre noir du moulin

POUR	PRÉPARATION	CUISSON
4 PERSONNES	**10** MINUTES **1 h** DE REPOS	**0**

PROGRAMME

ROBOT

ACCESSOIRES

R2 — DISQUE RÂPEUR 2 MM

E4 — DISQUE ÉMINCEUR 4 MM

1. Placer le midi bol avec le disque râpeur 2 mm.
2. **Râper le chou-fleur et le concombre**. Installer le disque éminceur 4 mm. Émincer l'oignon rouge.
3. Mélanger les légumes émincés et râpés dans un saladier avec les pois chiches et les tomates cerises coupées en 4.
4. Rincer, sécher, effeuiller et ciseler la menthe et l'estragon. Ajouter les herbes ciselées au taboulé.
5. Ajouter ensuite l'huile d'olive, le jus de citron, du sel et du poivre.
6. Placer 1 heure au minimum au frais avant de servir.

MOUSSE DE FOIE DE VOLAILLE

- 500 g de foies de volaille
- 1 échalote
- 1 cuillerée à soupe d'huile d'olive
- 2 cuillerées à soupe de porto
- 1 œuf
- 100 ml de crème liquide entière
- 1 cuillerée à café de vinaigre de xérès
- 1 pincée de sucre roux
- 4 branches de thym
- 2 feuilles de laurier
- 50 g de pistaches décortiquées
- 2 pincées de sel
- 1 cuillerée à café de grains de poivre (type poivre sauvage ou autre poivre bien parfumé)

POUR
4 PERSONNES

PRÉPARATION
10 MINUTES

CUISSON
15 MINUTES AU COOK EXPERT
40 MINUTES AU FOUR

PROGRAMMES
EXPERT
ROBOT

1. Préchauffer le four à 140 °C avec un grand plat rempli à moitié d'eau pour un bain-marie.
2. Prendre ¼ des foies et les couper en 4 ou 6 morceaux selon la taille. Émincer l'échalote.
3. Placer le bol inox, ajouter l'huile d'olive et l'échalote. Lancer le programme **EXPERT**, **3 minutes/vitesse 1A/140 °C**.
4. À l'arrêt du programme, ajouter les morceaux de foies coupés, relancer le programme **EXPERT**, **1 minute/vitesse 2A/120 °C**.
5. Ajouter le porto par le bouchon et lancer **1 minute/vitesse2A/120°C**, sans bouchon. Laisser le tout dans le bol inox.
6. Placer ensuite le bol transparent avec le couteau métal, ajouter le reste des foies entiers, l'œuf, la crème, le vinaigre, le sucre, le sel, le thym effeuillé. **Mixer 1 minute**.
7. Débarrasser dans le bol inox, ajouter les pistaches et les grains de poivre. Lancer le programme **EXPERT**, **1 minute/vitesse 4 (sans cuisson)**.
8. Mettre le mélange obtenu dans une terrine, déposer les feuilles de laurier par-dessus et enfourner dans le plat rempli d'eau pour 40 minutes de cuisson à 140 °C.
9. Peut se servir chaud, tiède ou à tartiner froid sur du pain.

BRUNCH

POUR : **4 PERSONNES** | PRÉPARATION : **45 MINUTES**
CUISSON : **15 MINUTES AU COOK EXPERT/15 MINUTES À LA POÊLE**
PROGRAMMES : **ROBOT/PÂTE/GÂTEAU/EXPERT/SMOOTHIE**
ACCESSOIRE : **DISQUE ÉMINCEUR 4 MM**

PANCAKES

- 80 g de beurre salé mou
- 250 ml de lait fermenté
- 200 g de farine T65
- 2 pincées de bicarbonate de soude
- 2 cuillerées à café de levure
- 1 sachet de sucre vanillé
- 2 œufs
- 250 g de myrtilles
- Beurre et sirop d'érable pour servir

Mettre tous les ingrédients des pancakes dans le bol inox sauf les myrtilles. Lancer le programme **PÂTE/GÂTEAU**. Verser dans un grand bol et laisser reposer 1 heure environ recouvert d'un torchon.

Faire chauffer une poêle sur feu moyen, verser une louche de pâte, parsemer de myrtilles, laisser cuire 1 min 30 environ et retourner le pancake. Laisser cuire 30 secondes de plus. Mettre sur une assiette recouverte d'un torchon pour garder au chaud.

SMOOTHIE FRAISE

- 250 g de fraises
- Le jus de 2 oranges
- Le jus de 1 citron

Rincer ensuite le bol inox, mettre tous les ingrédients du smoothie et lancer la fonction **SMOOTHIE**. Placer au frais dans une carafe.

ŒUFS BROUILLÉS

- 8 œufs
- 20 g de beurre
- 2 brins de ciboulette ciselés
- 4 tranches de truite fumée

Rincer le bol inox, mettre le beurre, les œufs cassés et battus et lancer le programme **EXPERT**, **10 minutes/vitesse 2A/95 °C**. Relancer le programme **EXPERT**, **5 minutes/vitesse 1A/95 °C**. 2 minutes avant la fin, ajouter le sel et la ciboulette par l'ouverture.

SALADE

- 2 carottes
- 2 pommes coupées en quartiers
- Le jus de 1 citron
- 4 cuillerées à soupe d'huile d'olive
- 12 feuilles de menthe
- 2 pincées de sel
- Mélange de graines pour salade

Placer ensuite le midi bol avec le disque éminceur 4 mm. Émincer les carottes et les pommes. Installer le mini bol, mixer ensemble le jus de citron, l'huile d'olive, les feuilles de menthe et le sel.
Mettre les carottes et les pommes dans une assiette creuse, arroser de la sauce, parsemer de graines et placer au frais.

Mettre sur la table les pancakes, servir avec du beurre et du sirop d'érable, le smoothie frais proposé avec des glaçons, la salade de carottes et de pommes, la truite fumée et les œufs brouillés.

Soupes & smoothies

GASPACHO
CONCOMBRE AVOCAT

- 2 avocats (250 g de chair environ)
- 200 g de concombre
- 150 g de yaourt au choix (vache, brebis, grec, végétal)
- 1 gousse d'ail
- Le jus de ½ citron
- 1 pincée de sel
- 12 glaçons
- 25 cl d'eau
- 1 petit morceau de piment (au goût)
- 2 branches de menthe effeuillées
- 1 douzaine de brins de ciboulette
- 4 branches d'aneth
- 1 cuillerée à soupe d'huile d'olive

POUR	PRÉPARATION	CUISSON
4 PERSONNES	5 MINUTES	0

PROGRAMME

DESSERT GLACÉ

1. Placer tous les ingrédients dans le bol inox. Lancer le programme **DESSERT GLACÉ**.
2. Servir immédiatement.

VELOUTÉ FROID
ASPERGES

- 750 g d'asperges
- 150 g de pomme de terre
- 1 cube de bouillon de légumes
- 150 ml d'eau
- 100 ml de crème épaisse
- 250 g de glaçons
- 1 pincée de sel
- 1 pincée de poivre

POUR	PRÉPARATION	CUISSON
4 PERSONNES	5 MINUTES 30 MINUTES DE REPOS	20 MINUTES AU COOK EXPERT

PROGRAMMES

SOUPE VELOUTÉE · SMOOTHIE

1. Rincer les asperges et couper la partie dure. Éplucher la pomme de terre.
2. Mettre les asperges, la pomme de terre, le cube de bouillon, l'eau, le sel et le poivre dans le bol inox. Lancer le programme **SOUPE VELOUTÉE**, **20 minutes**.
3. Transvaser le velouté dans un récipient pour le laisser tiédir 30 minutes environ.
4. Reverser dans le bol, ajouter la crème et les glaçons. Lancer le programme **SMOOTHIE**.
5. Servir aussitôt.

SMOOTHIE ROSE

POUR : 2 PERSONNES | **PRÉPARATION : 5 MINUTES**
PROGRAMME : SMOOTHIE

- 125 g de fraises équeutées
- Le jus de 1 orange
- Le jus de 1 citron
- 1 banane épluchée
- 1 cuillerée à soupe de graines de chia
- 150 g de glaçons

Mettre tous les ingrédients dans le bol inox.
Lancer le programme **SMOOTHIE**. Servir aussitôt.

SMOOTHIE VERT

POUR : 2 PERSONNES | **PRÉPARATION : 5 MINUTES**
PROGRAMME : SMOOTHIE

- 100 g de feuilles d'épinard
- Le jus de 1 orange
- 1 banane épluchée
- 1 pomme (150 g)
- 150 g de glaçons

Mettre tous les ingrédients dans le bol inox.
Lancer le programme **SMOOTHIE**. Servir aussitôt.

VELOUTÉ FROID
FRAISES ET TOMATES

- 250 g de fraises rincées et équeutées
- 350 g de tomates bien mûres rincées
- 100 g de yaourt à la grecque
- 10 g de gingembre pelé
- 2 cuillerées à soupe de vinaigre balsamique
- 2 cuillerées à soupe d'huile d'olive
- 2 branches de basilic
- 1 petit bouquet d'estragon effeuillé
- 200 g de glaçons
- 1 pincée de sel

POUR	PRÉPARATION	CUISSON
4 PERSONNES	5 MINUTES	0

SMOOTHIE

1. Placer tous les ingrédients dans le bol inox (réserver quelques feuilles de basilic). Lancer le programme **SMOOTHIE**.
2. Servir avec un filet d'huile d'olive et quelques feuilles de basilic.

STOP
AUTO
Blender
OK
Smoothie
magimix

VELOUTÉ DE POIVRON

- 1 kg de poivrons (rouges et jaunes) vidés et coupés en gros morceaux
- 1 oignon jaune
- 2 cuillerées à soupe d'huile d'olive
- 10 cl de vin blanc
- 1 l d'eau
- 2 pincées de sel
- 2 pincées de poivre
- Fromage de brebis type Etorki
- 1 petit bouquet d'aneth

POUR	PRÉPARATION	CUISSON
6 PERSONNES	5 MINUTES	35 MINUTES AU COOK EXPERT

PROGRAMMES

EXPERT

SOUPE VELOUTÉE

1. Placer l'oignon épluché coupé en 8 dans le bol inox. Lancer le programme **EXPERT**, **5 minutes/vitesse 1A/140 °C**.
2. Ajoutez le reste des ingrédients sauf le fromage de brebis et lancer le programme **SOUPE VELOUTÉE**.
3. Servir chaud avec du fromage de brebis râpé et de l'aneth ciselé.

STOP
AUTO
magimix

VELOUTÉ
CRESSON TOPINAMBOUR

- 1 poireau de 200 g environ
- 2 cuillerées à soupe d'huile d'olive
- 200 g de pommes de terre
- 300 g de topinambour
- 300 g de cresson
- 1 cube de bouillon de légumes
- 1 l d'eau
- 1 pincée de sel
- Crème liquide

POUR	PRÉPARATION	CUISSON
6 PERSONNES	**5** MINUTES	**30** MINUTES AU MAGIMIX

PROGRAMMES

EXPERT — SOUPE VELOUTÉE

1. Retirer les premières feuilles du poireau si elles sont abîmées, le rincer et l'émincer.
2. Le placer dans le bol inox avec l'huile d'olive. Lancer le programme **EXPERT** **5 minutes/vitesse 2A/140 °C**.
3. Éplucher les pommes de terre et les topinambours, rincer le bouquet de cresson.
4. Ajouter les pommes de terre, les topinambours et le cresson, le cube de bouillon, le sel et l'eau.
5. Lancer le programme **SOUPE VELOUTÉE**.
6. Servir bien chaud avec un filet de crème liquide.

STOP
PULSE
Soupe veloutée
30:00 Auto 110°C
magimix

SOUPE DE
LENTILLES CORAIL

- 150 g de lentilles corail
- 1 oignon émincé
- 20 g de gingembre épluché râpé
- 250 g de carottes coupées en rondelles de 5 mm d'épaisseur
- 2 cuillerées à soupe d'huile de coco
- 4 cuillerées à soupe de crème épaisse
- 1 cube de bouillon de légumes
- 1 l d'eau
- Feuilles de menthe ciselées pour servir
- 1 pincée de sel
- 1 pincée de poivre noir moulu

POUR	PRÉPARATION	CUISSON
4 PERSONNES	**5** MINUTES	**25** MINUTES AU COOK EXPERT

EXPERT

1. Placer l'oignon, le gingembre râpé, les carottes et l'huile de coco dans le bol inox. Lancer le programme **EXPERT**, **5 minutes/vitesse 2A/140 °C**.
2. Ajouter les lentilles corail, la crème épaisse, l'eau, le cube de bouillon, le sel et le poivre.
3. Relancer le programme **EXPERT**, **20 minutes/vitesse 1A/110 °C**.
4. Servir avec les feuilles de menthe ciselées.

VELOUTÉ DE
FANES DE NAVETS

- 150 g de fanes de navets
- 15 g de beurre
- 1 gousse d'ail dégermée coupée en 4
- 2 échalotes coupées en 4
- 100 g de pomme de terre épluchée
- 1 cube de bouillon de légumes
- 2 cuillerées à soupe de poudre d'amandes
- 2 cuillerées à soupe de crème liquide
- 1 l d'eau
- 1 cuillerée à soupe d'amandes effilées
- 1 pincée de sel

POUR	PRÉPARATION	CUISSON
4 PERSONNES	**5** MINUTES	**35** MINUTES AU COOK EXPERT

PROGRAMMES

EXPERT

SOUPE VELOUTÉE

1. Rincer les fanes de navets. Les placer dans le bol inox avec le beurre, la gousse d'ail et les échalotes. Lancer le programme **EXPERT**, **5 minutes/vitesse 2A/140 °C**.
2. Ajouter la pomme de terre, le cube de bouillon de légumes, la poudre d'amandes, la crème liquide, le sel et l'eau.
3. Lancer le programme **SOUPE VELOUTÉE**.
4. Pendant ce temps, faire griller à sec les amandes effilées dans une poêle sur feu doux jusqu'à ce qu'elles soient dorées.
5. Servir le velouté chaud avec les amandes effilées.

VELOUTÉ DE POIREAUX AU CURRY

- 500 g de poireaux lavés
- 200 g de pommes de terre épluchées et rincées
- 200 ml de lait de coco
- 1 cuillerée à soupe de curry en poudre
- 1 l d'eau
- 1 pincée de sel

POUR	PRÉPARATION	CUISSON
4 PERSONNES	**5** MINUTES	**30** MINUTES AU COOK EXPERT

SOUPE VELOUTÉE

1. Couper les poireaux en 4, les mettre dans le bol inox avec les pommes de terre coupées en 4, le lait de coco, l'eau, le sel et le curry.
2. Lancer le programme **SOUPE VELOUTÉE**.
3. Servir chaud saupoudré d'un peu de curry.

SOUPE DE GRAND-MÈRE
LÉGUMES LARD

- 200 g de céleri branche
- 200 g de carottes
- 200 g de poireau
- 200 g de courgette
- 1 gousse d'ail
- 2 cubes de bouillon de légumes
- 4 branches de thym
- 1,5 l d'eau
- 200 g de poitrine fumée
- Pain grillé pour servir
- 2 pincées de sel

POUR	PRÉPARATION	CUISSON
6 PERSONNES	**5** MINUTES	**40** MINUTES AU COOK EXPERT **5** MINUTES À LA POÊLE

PROGRAMME

SOUPE MOULINÉE

1. Laver et couper grossièrement les légumes. Les placer dans le bol inox avec le reste des ingrédients sauf la moitié de la poitrine fumée.
2. Lancer le programme **SOUPE MOULINÉE**, **40 minutes**.
3. Dans une poêle bien chaude, faire griller les tranches de poitrine 2 minutes environ de chaque côté.
4. Servir la soupe avec des morceaux de pain grillé coupé en croûtons et des morceaux de poitrine grillée.

SOUPE DE RIZ VIETNAMIENNE
AU POULET

- 2 cuisses entières de poulet
- 1 poireau (partie verte)
- 2 branches de céleri
- 1 bâton de citronnelle émincé
- 50 g de gingembre épluché et émincé
- 1 oignon nouveau
- 2 l d'eau
- 2 cuillerées à soupe d'huile de tournesol
- 200 g de riz blanc (rond/basmati/thaï)
- 150 g de champignons de Paris ou shiitakés
- 1 bouquet de coriandre
- 1 citron vert
- 1 cuillerée à soupe de gros sel
- 1 cuillerée à café de poivre noir moulu

POUR	PRÉPARATION	CUISSON
6 PERSONNES	5 MINUTES	2 h 15 AU COOK EXPERT

EXPERT

1. Placer les cuisses de poulet dans le bol inox, le vert du poireau et les branches de céleri grossièrement coupés, la citronnelle, le gingembre, le bulbe blanc de l'oignon (garder les tiges vertes) et le gros sel. Couvrir environ de 2 l d'eau (l'eau doit arriver au niveau maximun du bol).
2. Lancer le programme **EXPERT**, **1 h 30/vitesse 0/100 °C**.
3. Passer le contenu dans une passoire pour récupérer le bouillon. Effilocher la chair et la peau des cuisses de poulet lorsqu'elles sont tièdes et réserver.
4. Replacer le bol inox avec l'huile de tournesol et le riz.
5. Lancer le programme **EXPERT** **5 minutes/vitesse 1A/140 °C**.
6. Ajouter le bouillon et relancer le programme **EXPERT**, **35 minutes/vitesse 1A/100 °C**.
7. Ajouter les champignons nettoyés et coupés en gros morceaux et lancer le programme **EXPERT**, **5 minutes/vitesse 1A/100°C**.
8. Servir avec des morceaux de cuisses de poulet effilochées, de la coriandre fraîche, le vert d'oignon émincé et du jus de citron vert.

SOUPE PHO
BOULETTES DE BŒUF

POUR 6 PERSONNES | **PRÉPARATION : 15 MINUTES** | **CUISSON : 2 HEURES AU COOK EXPERT + 10 MINUTES À LA POÊLE**
PROGRAMMES : ROBOT/EXPERT

- 500 g de morceaux de queue de bœuf (ou 2 gros os à moelle)
- 5 clous de girofle
- 4 étoiles de badiane
- 1 bâton de cannelle
- 1 cuillerée à soupe de graines de coriandre
- 1 douzaine de grains de poivre noir
- 2 gros oignons blancs
- 40 g de gingembre
- 20 g de sucre roux
- 2 cuillerées à soupe de nuoc-mâm
- 1 cube de bouillon pour pho
- 2 l d'eau
- 4 branches de menthe
- 4 branches de basilic thaï (à acheter dans une épicerie asiatique)
- 500 g de bœuf (macreuse à bifteck/gîte à la noix/flanchet...)
- 1 échalote
- 1 oignon blanc
- 400 g de nouilles de riz pour pho (à acheter dans une épicerie asiatique)
- 7 branches de coriandre longue ngo gaï (à acheter dans une épicerie asiatique)
- 6 tiges de cive
- 2 citrons verts
- 200 g de pousses de haricots mungo
- 1 pincée de sel

1. Placer le bol transparent du robot avec le couteau métal.

2. Mettre les morceaux de viande et l'échalote coupée en 4, lancer le programme **ROBOT** et **hacher pendant 15 secondes**.

3. Mettre les feuilles de menthe et de basilic thaï avec une tige de ngo gaï et le sel, **hacher 5 secondes de plus à vitesse 10**.

4. Faire des boulettes de 20 g avec la préparation.

5. Plonger les morceaux de queue de bœuf ou les os à moelle dans une casserole d'eau bouillante pendant 10 minutes. Les égoutter et les rincer sous l'eau froide.

6. Mettre dans une poêle les clous de girofle, les étoiles de badiane, la cannelle, les graines de coriandre et les grains de poivre noir, griller à sec 2 à 3 minutes en les faisant rouler.

7. Éplucher et couper les oignons en 2, rincer le gingembre et le couper en 2. Les faire brûler directement sur le feu du gaz jusqu'à ce qu'ils soient noirs ou bien les déposer sur la poêle chaude pour les brûler de tous les côtés.

8. Mettre les morceaux de queue de bœuf ou les os à moelle dans le bol inox, ajouter le gingembre, le sucre roux et les oignons brûlés, les épices grillées, le nuoc-mâm, le cube de bouillon et l'eau. Lancer le programme **EXPERT**, **2 heures/ vitesse 0/100 °C**.

9. Rincer et sécher les herbes. Effeuiller 1 branche de menthe et 2 branches de basilic thaï pour les mixer. Éplucher l'échalote. Éplucher l'oignon, le couper en rondelles très fines.

10. Verser le contenu du bol dans une passoire pour ne récupérer que le bouillon et le garder au chaud.

11. Nettoyer et replacer le bol inox, y verser le bouillon et lancer le programme **EXPERT**, **7 minutes/ vitesse 0/100 °C**. Ajouter les nouilles de riz et lancer le programme **EXPERT**, **3 minutes/vitesse 0/ 100°C**. Plonger les boulettes dans le bouillon avec les nouilles.

12. Attendre 5 minutes et servir bien chaud avec le reste d'herbes à émincer dans les bols, des rondelles d'oignon, des pousses de haricots mungo, de la cive ciselée, du piment, du jus de citron vert et quelques gouttes de nuoc-mâm.

VELOUTÉ DE CAROTTES À LA BADIANE

- 750 g de carottes lavées avec les fanes
- 1 oignon pelé coupé en 4
- 2 cuillerées à soupe d'huile d'olive
- 1 cuillerée à café de cumin
- 1 cuillerée à café de badiane en poudre
- 1 l d'eau
- 1 pincée de sel

POUR	PRÉPARATION	CUISSON
4 PERSONNES	**5** MINUTES	**35** MINUTES AU COOK EXPERT

PROGRAMMES

EXPERT

SOUPE VELOUTÉE

1. Couper les carottes en grosses rondelles et hacher grossièrement les fanes.
2. Placer l'oignon dans le bol inox avec l'huile, le cumin et la badiane, lancer le programme **EXPERT**, **5 minutes/vitesse 2A/140 °C**.
3. Ajouter les carottes, le sel et l'eau. Lancer le programme **SOUPE VELOUTÉE**.
4. Servir aussitôt.

VELOUTÉ DE MAÏS

- 1 boîte de maïs en conserve de 400 g
- 1 oignon nouveau
- 2 cuillerées à soupe d'huile d'olive
- 1 poivron jaune (200 g)
- 1 pomme de terre (120 g) épluchée
- 1 cube de bouillon de légumes
- 700 ml d'eau
- 1 pincée de piment d'Espelette + un peu pour servir
- 1 petit bouquet de coriandre
- 1 pincée de sel
- 1 pincée de poivre noir moulu

POUR	PRÉPARATION	CUISSON
4 PERSONNES	5 MINUTES	35 MINUTES AU MAGIMIX

PROGRAMMES

EXPERT

SOUPE VELOUTÉE

1. Mettre l'oignon coupé en 4 et l'huile d'olive dans le bol inox, lancer le programme **EXPERT** **5 minutes/vitesse 1A/140 °C**.
2. Ajouter le maïs égoutté, le poivron vidé et coupé en 4, la pomme de terre coupée en 4, le cube de bouillon, l'eau, le piment d'Espelette, le sel, le poivre et la moitié du bouquet de coriandre.
3. Lancer le programme **SOUPE VELOUTÉE**.
4. Servir chaud avec une pincée de piment d'Espelette, de la coriandre fraîche et un filet d'huile d'olive.

SOUPES

POUR 4 PERSONNES | PRÉPARATION : 5 MINUTES | CUISSON : 30 MINUTES
PROGRAMME : SOUPE VELOUTÉE

1. Mettre tous les ingrédients dans le bol inox.
Lancer le programme **SOUPE VELOUTÉE**.

COURGETTES

- 800 g de courgettes coupées en tronçons de 3 cm
- 500 ml d'eau
- 125 g de St Morêt®
- 2 cuillerées à soupe d'huile d'olive
- 2 pincées de sel

BUTTERNUT

- 700 g de butternut
- 500 ml d'eau
- 20 g de beurre
- 2 pincées de noix de muscade râpée
- 1 oignon jaune pelé coupé en 4
- 2 pincées de sel

PETITS POIS

- 600 g de petits pois surgelés
- 1 cœur de laitue
- 500 ml d'eau
- 1 cube de bouillon de légumes
- 150 ml de crème liquide

CHÂTAIGNE

- 400 g de châtaignes sous vide
- 500 ml d'eau
- 1 cube de bouillon de légumes
- 1 échalote
- 150 ml de lait
- 1 cube de bouillon de volaille
- 2 pincées de poivre moulu

Plats

CURRY
DE LÉGUMES

POUR : 4 PERSONNES PRÉPARATION : 10 MINUTES CUISSON : 45 MINUTES AU COOK EXPERT
PROGRAMME : EXPERT

1. Couper les extrémités des courgettes, les couper en tronçons de 2 cm.
2. Couper les extrémités des aubergines, les couper en cubes de 3 cm environ.
3. Peler les pommes de terre, les couper en dés.
4. Peler l'oignon, le couper en 8.
5. Mettre l'oignon, l'aubergine, le curry et l'huile dans le bol inox, lancer le programme **EXPERT**, **15 minutes/vitesse 1A/140 °C**.
6. Ajouter les pois chiches égouttés, les pommes de terre, les courgettes, le lait de coco, le sel et le poivre.
7. Relancer le programme **EXPERT**, **30 minutes/vitesse 1A/110 °C**.
8. Servir chaud avec de la noix de coco râpée.

- 200 g de courgettes
- 200 g d'aubergines
- 300 g de pommes de terre
- 1 oignon (150 g)
- 1 cuillerée à soupe de curry en poudre
- 2 cuillerées à soupe d'huile de cuisson
- 1 boîte de pois chiches en conserve (400 g)
- 400 ml de lait de coco
- Noix de coco râpée pour servir
- 1 pincée de sel
- 1 pincée de poivre noir moulu

CURRY DE COURGETTES

- 250 g de riz basmati
- 250 ml d'eau
- 1 gros oignon
- 1 gousse d'ail dégermée
- 1 cuillerée à soupe de curry en poudre
- 2 cuillerées à soupe d'huile d'olive
- 750 g de courgette coupées en rondelles de 1 cm d'épaisseur
- 200 g de crème épaisse
- 40 g de noix de cajou pour servir
- 1 pincée de sel
- 1 pincée de poivre noir moulu

POUR	PRÉPARATION	CUISSON
4 PERSONNES	5 MINUTES	55 MINUTES AU MAGIMIX

PROGRAMMES

VAPEUR EXPERT

1. Rincer le riz, le placer dans un bol à la taille adaptée au panier vapeur. Remplir le bol inox de 500 ml d'eau, poser le panier vapeur, remplir le bol de riz de 250 ml d'eau.
Lancer le programme **VAPEUR**, **30 minutes**.

2. Réserver le riz dans le bol couvert de film alimentaire.

3. Vider le bol inox, le repositionner, mettre l'oignon coupé en 4, la gousse d'ail en petits morceaux, le curry et l'huile d'olive. Lancer le programme **EXPERT**, **5 minutes/vitesse 2A/140 °C**.

4. Ajouter les courgettes, la crème, le sel et le poivre et lancer le programme **EXPERT**, **20 minutes/vitesse 1A/110 °C**.

5. Servir avec le riz basmati et quelques noix de cajou hachées.

MOJETTES
MIJOTÉES

- 400 g de haricots mogettes surgelés ou frais (400 g écossés)
- 1 oignon jaune coupé en 8
- 1 gousse d'ail dégermée
- 2 cuillerées à soupe d'huile d'olive
- 1 pincée de safran (ou 1 dosette de Spigol)
- 1 pincée de cumin en poudre
- 2 carottes coupées en rondelles de 1 cm d'épaisseur
- 1 citron confit coupé en 8
- 400 g de tomates concassées en conserve
- 800 ml d'eau
- 1 feuille de laurier
- 1 petit bouquet de coriandre effeuillé
- 2 pincées de sel
- 2 pincées de poivre moulu

POUR	PRÉPARATION	CUISSON
4 PERSONNES	**10** MINUTES	**1 h 05** AU COOK EXPERT

PROGRAMME

EXPERT

1. Placer l'oignon, l'ail, l'huile d'olive, le safran le cumin et les rondelles de carotte dans le bol inox. Lancer le programme **EXPERT**, **5 minutes/vitesse 2A/140 °C**.
2. Ajouter les haricots mogettes, le citron confit, les tomates concassées, le laurier, le sel et le poivre, couvrir de 800 ml d'eau.
3. Lancer le programme **EXPERT**, **1 heure/vitesse 1A/100 °C**.
4. Servir avec les feuilles de coriandre fraîche.

PESTO
FANES DE RADIS

- 80 g de noisettes
- 1 gousse d'ail dégermée
- 100 g de parmesan
- 100 g de fanes de radis
- 100 ml d'huile d'olive
- 1 pincée de sel

POUR 5 PERSONNES

PRÉPARATION 5 MINUTES

CUISSON 0

PROGRAMME ROBOT

1. Placer les noisettes, l'ail et le parmesan cassé en morceaux dans le bol transparent avec le couteau métal. **Mixer pendant 20 secondes**.
2. Ajouter les fanes de radis et le sel. **Mixer** à nouveau **pendant 40 secondes** en ajoutant petit à petit l'huile par l'ouverture.
3. Il faut toujours diluer le pesto avec une louche d'eau de cuisson des pâtes pour obtenir une sauce onctueuse. On peut remplacer une partie ou toutes les fanes de radis par du basilic, de la roquette, des fanes de carottes ou de la menthe. Les noisettes peuvent être remplacées par d'autres fruits secs : noix, amandes, pignons de pin.

BLETTES
MIJOTÉES

- 750 g de blettes (vertes ou de couleur)
- 250 g de lard fumé
- 2 gousses d'ail dégermées
- 2 cuillerées à soupe d'huile d'olive
- 400 g de tomates entières en conserve
- 2 pincées de piment
- 4 branches de thym
- 2 pincées de sel
- 2 pincées de poivre moulu

POUR	PRÉPARATION	CUISSON
4 PERSONNES	**10** MINUTES	**30** MINUTES AU COOK EXPERT

PROGRAMME

EXPERT

1. Mettre l'huile d'olive, les gousses d'ail et le lard fumé dans le bol inox. Lancer le programme **EXPERT**, **5 minutes/vitesse 1A/140 °C**.
2. Pendant ce temps, rincer les blettes, enlever les parties noires ou abîmées et couper les blettes en tronçons de 4 à 5 cm.
3. Ajouter les blettes, les tomates égouttées, le piment, le sel, le poivre et les branches de thym.
4. Lancer le programme **EXPERT**, **25 minutes/vitesse 1A/120 °C**.
5. Servir chaud.

RAGOÛT D'ARTICHAUT

- 500 g de cœurs d'artichaut surgelés
- 500 g de petites pommes de terre roseval
- 1 oignon jaune
- 2 cuillerées à soupe d'huile d'olive
- 400 g de lard fumé
- 150 ml de vin blanc
- 4 branches de thym
- 2 feuilles de laurier
- 2 pincées de sel
- 1 pincée de poivre moulu

POUR	PRÉPARATION	CUISSON
4 PERSONNES	5 MINUTES	1 h AU COOK EXPERT

PROGRAMME

EXPERT

1. Installer le bol inox, mettre l'oignon jaune pelé et coupé en 8 et l'huile d'olive. Lancer le programme **EXPERT**, **3 minutes/vitesse 1A/120 °C**. Appuyer sur **PULSE** pour hacher l'oignon.
2. Ajouter les cœurs d'artichaut, les pommes de terre, le lard fumé coupé en 8 morceaux, le vin blanc, le thym, les feuilles de laurier, le sel et le poivre.
3. Couvrir d'eau à hauteur et lancer le programme **EXPERT**, **1 heure/vitesse 1A/110 °C**.
4. Servir chaud.

CHILI
VEGGIE

- 400 g de haricots rouges cuits (conserve ou maison)
- 250 g de carottes en rondelles
- 1 oignon jaune coupé en 8
- 1 petit poivron rouge coupé en lamelles
- 1 petit poivron jaune coupé en lamelles
- 100 g de tofu fumé coupé en dés
- 2 cuillerées à soupe d'huile d'olive
- 1 cuillerée à café de safran
- 1 cuillerée à soupe de paprika
- 1 cuillerée à café de graines de cumin
- 1 pincée de piment en poudre
- 1 cuillerée à café de curry en poudre
- 1 cuillerée à café d'origan
- 500 ml d'eau
- 200 g de crème fraîche épaisse
- 1 petit bouquet de coriandre effeuillé
- 1 pincée de sel
- 2 pincées de poivre noir moulu

POUR	PRÉPARATION	CUISSON
4 PERSONNES	**10** MINUTES	**30** MINUTES AU COOK EXPERT

PROGRAMME

EXPERT

1. Placer l'oignon, les poivrons, le tofu en cubes, l'huile d'olive, le safran, le paprika, le cumin, le piment, le curry, l'origan et les rondelles de carotte dans le bol inox. Lancer le programme **EXPERT**, **5 minutes/ vitesse 2A/140 °C**.
2. Ajouter les haricots rouges, le sel, le poivre et l'eau. Lancer le programme **EXPERT**, **25 minutes/vitesse 0/110 °C**.
3. Servir avec les feuilles de coriandre fraîche et de la crème fraîche épaisse.

PIZZA
CHOU-FLEUR

PÂTE
- 500 g de fleurettes de chou-fleur
- 1 œuf
- 4 cuillerées à soupe d'huile d'olive
- 1 cuillerée à soupe d'origan
- 2 pincées de sel
- 2 pincées de poivre moulu

GARNITURE
- 250 g de mozzarella
- 150 g de fromage de chèvre frais
- 100 g de parmesan râpé
- 4 oignons nouveaux émincés
- 4 branches de thym frais
- 2 pincées de poivre moulu

POUR 4 PERSONNES

PRÉPARATION 10 MINUTES

CUISSON 35 MINUTES AU FOUR

PROGRAMME

ROBOT

ACCESSOIRE

R2

DISQUE RÂPEUR 2 MM

1. Préchauffer le four à 180 °C.

2. Installer le midi bol avec le disque râpeur 2 mm. Pour la pâte, **râper les fleurettes de chou-fleur**. Les déposer dans un torchon propre et l'essorer en pressant fortement plusieurs fois pour extraire le maximum de jus de chou-fleur. Remettre dans le bol transparent avec le couteau métal, ajouter l'œuf, l'huile d'olive, l'origan, le sel et le poivre. **Mixer pendant 30 secondes**.

3. Étaler la préparation en une fine couche sur une plaque allant au four recouverte de papier de cuisson.

4. Enfourner pour 20 minutes à 180 °C.

5. Sortir du four et garnir de morceaux de mozzarella, de chèvre frais émietté, de parmesan râpé, d'oignons émincés et de thym. Poivrer et enfourner à nouveau pour 15 minutes. Servir chaud ou tiède.

TAJINE
DE VEAU

- 500 g de veau coupé en morceaux de 4 cm (pour blanquette)
- 1 gros oignon jaune coupé en lamelles
- 400 g de pommes de terre
- 2 bâtons de cannelle
- 1 cuillerée à soupe de graines de coriandre écrasées
- 1 citron confit coupé en 4
- 2 cuillerées à soupe d'huile d'olive
- 600 g de petits pois surgelés
- Brins de coriandre fraîche
- 1 pincée de sel
- 1 pincée de poivre moulu

POUR	PRÉPARATION	CUISSON
4 PERSONNES	**5** MINUTES	**45** MINUTES AU COOK EXPERT

PROGRAMME

EXPERT

1. Placer tous les ingrédients sauf les petits pois et la coriandre dans le bol inox et lancer le programme **EXPERT**, **10 minutes/vitesse 1A/120 °C**.
2. Ajouter 25 cl d'eau par l'ouverture et lancer le programme **EXPERT**, **25 minutes/vitesse 1A/100°C**.
3. Ajouter les petits pois surgelés et lancer le programme **EXPERT**, **10 minutes/vitesse 1A/100°C**.
4. Servir avec de la coriandre fraîche.

PULSE
OK

RAGOÛT
AGNEAU ET COCOS

- 500 g de morceaux d'agneau (cubes de 4 cm environ, collier/poitrine)
- 1,2 kg de haricots cocos (500 à 600 g écossés)
- 1 oignon nouveau
- 1 gousse d'ail
- 20 g de beurre
- 4 cuillerées à soupe d'huile d'olive
- 1 cuillerée à soupe de farine
- 350 g de tomates entières
- 3 feuilles de laurier
- 2 branches de thym
- 500 ml d'eau
- 1 petit bouquet de ciboulette
- 1 petit bouquet de coriandre
- 4 branches de menthe effeuillées
- 2 pincées de sel
- 2 pincées de poivre noir moulu

POUR	PRÉPARATION	CUISSON
4 PERSONNES	10 MINUTES	1 h 30

PROGRAMMES

ROBOT EXPERT

1. Mixer les herbes dans le mini bol, en programme **ROBOT**, jusqu'à ce qu'elles soient finement hachées.
2. Dans le bol inox, placer l'oignon nouveau coupé en 4 et la gousse d'ail.
3. Lancer le programmee **EXPERT**, **10 minutes/vitesse 2A/140 °C**.
4. Appuyer sur **PULSE** pour hacher l'oignon et l'ail pendant 10 secondes. Ajouter par l'ouverture le beurre et l'huile d'olive puis les morceaux d'agneau.
5. Ajouter la farine, les tomates entières, les feuilles de laurier, le thym, le sel et le poivre et l'eau. Relancer le programmee **EXPERT**, **30 minutes/vitesse 1A/110 °C**.
6. Ajouter les haricots et la moitié des herbes fraîches hachées et relancer le programmee **EXPERT**, **1 heure/vitesse 1A/100 °C**.
7. Servir en parsemant le reste d'herbes hachées.

BOULETTES POULET
NOIX DE CAJOU

- 500 g de poulet en filets
- 1 oignon nouveau
- 100 g de noix de cajou
- 1 bâton de citronnelle (ou 1 cuillerée à soupe de citronnelle séchée)
- 4 cuillerées à soupe de sauce soja
- 2 cuillerées à soupe d'huile de sésame
- 2 cuillerées à soupe de graines de sésame
- 2 cuillerées à soupe de miel liquide
- 1 pincée de sel
- 2 pincées de poivre noir moulu

POUR	PRÉPARATION	CUISSON
6 PERSONNES	**5** MINUTES	**20** MINUTES AU FOUR

PROGRAMME

ROBOT

1. Préchauffer le four à 200 °C.
2. Placer les filets de poulet coupés en gros morceaux dans le bol transparent avec le couteau métal.
3. Ajouter l'oignon coupé en 4, les noix de cajou, le bâton de citronnelle émincé, la sauce soja, l'huile de sésame, le sel et le poivre. Lancer le programme **ROBOT**, **30 secondes**.
4. Former des boulettes de 30 g chacune environ (15 à 18 boulettes) et les placer sur une plaque allant au four couverte de papier de cuisson.
5. Les saupoudrer de graines de sésame et enfourner pour 20 minutes. Au bout de 15 minutes, arroser de miel et enfourner à nouveau pour 5 minutes.
6. Servir chaud ou tiède.

RAVIOLIS
VAPEUR

POUR : 4 PERSONNES PRÉPARATION : 10 MINUTES CUISSON : 10 MINUTES AU COOK EXPERT
PROGRAMMES : ROBOT/VAPEUR

- 350 g de porc haché
- 150 g de champignons shiitakés
- 1 oignon nouveau
- 20 g de gingembre épluché
- 1 cuillerée à soupe de sauce soja
- 6 branches de coriandre effeuillées
- 1 cuillerée à soupe d'huile de sésame
- 24 feuilles à ravioli
- Sauce soja et flocons de piment séché pour servir

1. Couper l'oignon nouveau et les shiitakés lavés en 4, et les mettre avec le gingembre dans le bol transparent avec le couteau métal.

2. **MIXER 30 secondes** pour tout hacher finement, ajouter le porc haché, la sauce soja, les feuilles de coriandre et l'huile de sésame. **MIXER 30 secondes.**

3. Préparer un petit bol d'eau et placer un disque de papier de cuisson découpé à la taille du panier vapeur au fond de celui-ci.

4. Sur une feuille de ravioli, déposer 1 cuillerée à café bombée de farce, humecter le tour de la feuille avec un peu d'eau, ramasser les bords pour former une bourse en appuyant pour les coller.

5. Répéter l'opération pour les 24 feuilles. Les placer au fur et à mesure dans le panier vapeur. Bien espacer les raviolis pour qu'ils ne se touchent pas (il faudra faire plusieurs cuissons).

6. Mettre 500 ml d'eau dans le bol inox, placer le panier avec les raviolis et lancer le programme **VAPEUR**, **pendant 10 minutes**.

7. Servir chaud avec de la sauce soja mélangée à des flocons de piment.

BOULETTES DE BŒUF AUX ÉPICES

POUR : **4 PERSONNES** | PRÉPARATION : **10 MINUTES** | REPOS : **30 MINUTES** | CUISSON : **5 MINUTES À LA POÊLE**
PROGRAMMES : **ROBOT/VAPEUR**

- 500 g de bœuf coupé en morceaux (250 g de jarret désossé + 250 g de filet de bœuf)
- 1 oignon nouveau
- 20 g de gingembre pelé
- 6 brins de coriandre
- 12 feuilles de menthe
- 1 cuillerée à soupe de sauce soja
- 1 cuillerée à soupe d'huile de sésame
- 2 pincées de ras-el-hanout
- 1 cuillerée à soupe d'huile de cuisson
- 1 pincée de sel
- 1 pincée de poivre noir moulu

1. Placer la viande dans le bol transparent avec le couteau métal.

2. **Mixer pendant 30 secondes** pour obtenir une texture de viande hachée.
Ajouter dans le bol l'oignon, le gingembre, les brins de coriandre, les feuilles de menthe, la sauce soja, l'huile de sésame, le ras-el-hanout, le sel et le poivre. **Mixer à nouveau pendant 30 secondes**.

3. Former des boulettes en roulant 1 cuillerée à soupe bombée de préparation avec les paumes des mains. Les placer 30 minutes au frais.

4. Faire chauffer une poêle sur feu moyen avec l'huile de cuisson puis faire dorer les boulettes 5 minutes environ en les roulant régulièrement pour les cuire de tous les côtés.

SPAGHETTIS BOLOGNAISE

- 400 g de bœuf haché
- 1 oignon jaune pelé coupé en 4
- 1 gousse d'ail dégermée
- 2 cuillerées à soupe d'huile d'olive
- 1 carotte (80 g) coupée en rondelles
- 800 g de tomates pelées en conserve
- 2 branches de thym effeuillées
- 2 feuilles de laurier
- 2 pincées de sel
- 1 pincée de poivre noir moulu

POUR SERVIR
- 400 g de spaghetti
- Parmigiano Reggiano

POUR 6 PERSONNES

PRÉPARATION 5 MINUTES

CUISSON 1 h AU COOK EXPERT / 7 MINUTES À LA CASSEROLE

PROGRAMME EXPERT

1. Placer l'oignon, l'ail et l'huile d'olive dans le bol inox. Lancer le programme **EXPERT**, **5 minutes/vitesse 1A/140 °C**. Appuyer 3 secondes sur **PULSE** pour hacher l'oignon et l'ail.
2. Ajouter la viande hachée, et lancer le programme **EXPERT** **5 minutes/vitesse 1A/140 °C** en enlevant le bouchon.
3. Ajouter les carottes, les tomates avec leur jus, le thym, les feuilles de laurier, le sel et le poivre. Lancer le programme **EXPERT**, **1 heure/vitesse 1A/110 °C**.
4. Faire cuire les spaghetti al dente dans une grande quantité d'eau salée, selon les indications notées sur le paquet.
5. Égoutter en gardant une louche d'eau de cuisson. Mélanger les spaghetti cuits avec la louche de cuisson et la sauce.
6. Servir aussitôt saupoudré de Parmigiano Reggiano fraîchement râpé.

JOUE & QUEUE DE BŒUF

MIJOTÉES

- 600 g de morceaux de joue de bœuf coupés en morceaux de 4 cm
- 600 g de queue de bœuf
- 75 cl de vin rouge (bordeaux/ Roussillon/Provence)
- 4 feuilles de laurier
- 2 branches de thym effeuillées
- 3 clous de girofle
- 4 baies de genièvre
- 4 carottes
- 1 oignon jaune
- 2 gousses d'ail dégermées
- 2 cuillerées à soupe d'huile de tournesol
- 1 petit bouquet de persil
- 2 cuillerées à soupe de fécule de maïs
- 600 g de pommes de terre
- 1 cuillerée à café de gros sel
- 1 cuillerée à café de poivre noir en grains

POUR 6 PERSONNES

PRÉPARATION 10 MINUTES

12 h MINIMUM DE REPOS

1 h DE REPOS

CUISSON 4 h 10

PROGRAMME

EXPERT

1. Placer les morceaux de viande dans un grand bol avec le vin rouge, les feuilles de laurier, le thym, les clous de girofle, les baies de genièvre, le poivre et les carottes coupées en rondelles. Laisser mariner 1 nuit au frais.
2. Récupérer les morceaux de viande, les morceaux de carotte garder la marinade. Sécher la viande sur du papier absorbant.
3. Placer l'oignon épluché coupé en 4, les gousses d'ail et l'huile dans le bol inox. Lancer le programme **EXPERT**, **30 secondes/vitesse 8/140 °C**.
4. Relancer le programme **EXPERT**, **4 minutes 30/vitesse 2A/140°C**. En parallèle, rincer, sécher et effeuiller le persil.
5. Ajouter les morceaux de joue par l'ouverture. Lancer le programme **EXPERT**, **5 minutes/vitesse 2A/140°C**.
6. Verser les morceaux de queue et la marinade, la moitié du persil et le sel. Lancer le programme **EXPERT**, **2 heures/vitesse 0/100 °C**.
7. Retirer les morceaux de viande et réserver au chaud. Ajouter les carottes de la marinade, la fécule de maïs, placer le panier cuisson vapeur, placer les rondelles de pomme de terre dedans en les étalant un maximum et relancer le programme **EXPERT**, **30 minutes/vitesse 2A/100 °C**.
8. Servir avec le reste de persil ciselé.

PULSE
OK
Expert
magimix

FEIJOADA

- 350 g de haricots noirs (trempés 24 heures dans de l'eau)
- 250 g de poitrine de porc
- 250 g de côtes de porc désossées
- 500 g de saucisses fumées
- 6 cuillerées à soupe d'huile d'olive
- 2 gousses d'ail dégermées
- 1 oignon coupé en 4
- 2 feuilles de laurier
- 1 l d'eau
- 8 grosses feuilles de chou vert portugais (ou de chou kale)
- 1 gousse d'ail dégermée hachée
- 20 g de beurre
- 250 g de farine de manioc (Farofa® dans les épiceries d'Amérique du Sud)
- 2 oranges coupées en quartiers
- Riz blanc
- 2 pincées de sel
- 2 pincées de poivre

POUR	PRÉPARATION	CUISSON
6 PERSONNES	**10** MINUTES	**2 h 10** AU COOK EXPERT **15** MINUTES À LA POÊLE

PROGRAMME

EXPERT

1. Mettre 4 cuillerées à soupe d'huile d'olive, les gousses d'ail et l'oignon dans le bol inox.
2. Lancer le programme **EXPERT**, **5 minutes/vitesse 1A/140 °C**. Ajouter la poitrine et les côtes de porc coupées en morceaux de 4 cm Relancer le programme **EXPERT**, **5 minutes/vitesse 1A/140 °C**.
3. Ajouter les haricots noirs égouttés et rincés, les feuilles de laurier, les saucisses et couvrir de 1 l d'eau. Lancer le programme **EXPERT**, **2 heures/vitesse 1A/110 °C**. Ajouter le sel et le poivre 5 minutes avant la fin de la cuisson.
4. Hacher grossièrement les feuilles de chou rincées, les faire sauter avec la gousse d'ail et 2 cuillerées à soupe d'huile d'olive dans une poêle sur feu moyen pendant 7 minutes environ.
5. Dans une autre poêle, mettre le beurre à fondre sur feu doux, ajouter la farine de manioc et laisser cuire en remuant régulièrement jusqu'à ce qu'elle prenne une couleur dorée.
6. Servir la viande coupée en morceaux avec des haricots, de la farine grillée, du chou vert, des rondelles d'orange et du riz blanc cuit à la vapeur.

CURRY
DE PORC

- 800 g de sauté de porc
- 1 gros oignon jaune coupé en 8
- 2 cuillerées à soupe d'huile de cuisson
- 1 cuillerée à soupe de curry jaune en poudre ou en pâte
- 75 cl d'eau
- 200 ml de crème liquide
- 2 feuilles de laurier
- 800 g de pommes de terre à chair ferme pelées
- 2 cuillerées à soupe de noix de coco râpée pour servir
- 2 pincées de sel
- 2 pincées de poivre moulu

POUR
4 PERSONNES

PRÉPARATION
5 MINUTES

CUISSON
1h05 AU COOK EXPERT

PROGRAMME
EXPERT

1. Mettre l'oignon dans le bol inox avec l'huile de cuisson.
Lancer le programme **EXPERT**, **5 minutes/vitesse 1A/140 °C**.

2. Ajouter la viande coupée en morceaux de 4 cm et le curry, relancer le programme **EXPERT**, **45 minutes/vitesse 1A/140 °C**.

3. Ajouter ensuite 75 cl d'eau, le sel, le poivre, la crème liquide et les feuilles de laurier. Relancer le programme **EXPERT**, **30 minutes/vitesse 1A/110 °C**.

4. Couper les pommes de terre en cubes de 3 cm environ. Les mettre dans le bol. Relancer le programme **EXPERT**, **30 minutes/vitesse 1A/110 °C**.

5. Servir saupoudré de noix de coco râpée. On peut remplacer la crème liquide par du lait de coco.

OSSO BUCO

- 4 grosses tranches de jarret de veau
- 1 citron bio
- 1 orange bio
- 2 cuillerées à soupe d'huile d'olive
- 2 gousses d'ail dégermées
- 2 oignons coupés en 4
- 2 branches de céleri
- 1 cuillerée à soupe de farine
- 100 ml de vin blanc
- 200 g de carottes coupées en rondelles
- 500 g de tomates pelées en conserve
- 1 cube de bouillon de volaille
- 4 feuilles de laurier
- 4 branches de thym
- 6 branches de persil effeuillées pour servir
- 2 pincées de sel
- 2 pincées de poivre noir moulu

POUR	PRÉPARATION	CUISSON
4 PERSONNES	**5** MINUTES	**1h45** AU COOK EXPERT

PROGRAMMES

EXPERT

ROBOT

1. Prélever le zeste du citron et de l'orange lavés avec un économe. Les presser pour récupérer le jus.

2. Couper les morceaux de jarret pour retirer les os et les conserver pour les ajouter à la recette plus tard.

3. Mettre l'huile d'olive, les gousses d'ail, les oignons, le céleri coupé en tronçons de 4 cm dans le bol inox. Lancer le programme **EXPERT**, **5 minutes/vitesse 1A/140 °C** puis appuyer 5 secondes sur **PULSE** pour hacher le tout.

4. Saler, poivrer et fariner les morceaux de viande. Les mettre dans le bol et relancer le programme **EXPERT**, **5 minutes/vitesse 1A/140 °C**.

5. Ajouter le vin blanc par l'ouverture, relancer le programme **EXPERT**, **3 minutes/vitesse 1A/140 °C**.

6. Ajouter les rondelles de carotte, les tomates égouttées, le cube de bouillon de volaille, les feuilles de laurier, le thym, les os, le jus et zeste du citron et de l'orange. Lancer le programme **EXPERT**, **1 h 30/vitesse 1A/110 °C**.

7. Servir avec les feuilles de persil ciselées.

8. Variante : on peut aussi faire une gremolata. Garder la moitié des zestes de l'orange et du citron. Placer dans le mini bol avec les feuilles de persil et une gousse d'ail dégermée. **Mixer** en programme **ROBOT** **pendant 15 secondes**. Parsemer sur l'osso buco chaud pour le servir.

PAIN
DE VIANDE

- 350 g de morceaux de bœuf ou de bœuf haché
- 250 g de sauté de veau
- 250 g d'échine de porc
- 1 oignon nouveau
- 2 gousses d'ail dégermées
- 50 g de pain sec
- 2 branches de basilic
- 100 g de champignons de Paris
- 1 œuf
- 2 cuillerées à soupe de ketchup
- 50 g de parmesan râpé
- 50 ml de lait
- 1 pincée de noix de muscade
- 1 pincée de piment de Cayenne
- 120 g de poitrine fumée coupée en tranches (8 tranches)
- 3 branches de thym
- 3 feuilles de laurier
- Huile d'olive
- 2 pincées de sel
- 1 pincée de poivre noir moulu

POUR	PRÉPARATION	CUISSON
6 PERSONNES	**10** MINUTES	**40** MINUTES AU FOUR

PROGRAMME

ROBOT

1. Dans le bol transparent, mettre l'oignon nouveau coupé en 4 et les gousses d'ail. Lancer le programme **ROBOT** . Ajouter le pain, **mixer pendant 10 secondes**.
2. Ajouter la viande coupée en gros morceaux. **Mixer pendant 10 secondes**.
3. Ajouter le basilic, les champignons de Paris coupés en 4, l'œuf, le ketchup, le parmesan, le lait, la muscade, le piment, le sel et le poivre. **Mixer pendant 15 secondes**.
4. Préchauffer le four à 180 °C.
5. Sur une plaque couverte de papier de cuisson, ranger les tranches de poitrine les unes à côté des autres, déposer la farce mixée dessus en formant un boudin, refermer les tranches de poitrine autour de la farce pour la maintenir et rouler doucement pour que les extrémités des tranches de poitrine se retrouvent sous le pain de viande.
6. Glisser des branches de thym et des feuilles de laurier entre les tranches, arroser d'un filet d'huile d'olive et enfourner pour 40 minutes.
7. Servir chaud ou tiède avec une salade verte.

MAC AND CHEESE

POUR : 6 PERSONNES | PRÉPARATION : 5 MINUTES | REPOS : 30 MINUTES
CUISSON : 7 MINUTES À LA CASSEROLE + 8 MINUTES AU COOK EXPERT + 20 MINUTES AU FOUR PROGRAMME : EXPERT

- 500 g de macaronis
- 60 g de beurre
- 60 g de farine
- 1 l de lait demi-écrémé
- 1 cuillerée à soupe de moutarde forte
- 1 cuillerée à café de paprika
- 1 cuillerée à soupe d'ail en poudre
- 1 pincée de piment de Cayenne
- 1 cuillerée à soupe de sauce soja
- 400 g de fromages râpés (au choix : cheddar, comté, emmental, seul ou mélangés)
- 150 g de chapelure
- 1 cuillerée à soupe de beurre fondu
- 2 pincées de sel
- 1 pincée de poivre moulu

1. Faire cuire les macaronis al dente dans une grande quantité d'eau salée. Égoutter et remettre dans la casserole.
2. Mettre les 60 g de beurre coupé en morceaux dans le bol inox avec la farine. Lancer le programme **EXPERT**, **3 minutes/vitesse 1A/140 °C**.
3. Ajouter le lait, la moutarde, le paprika, l'ail, le piment de Cayenne, la sauce soja, le sel et le poivre.
4. Relancer le programme **EXPERT**, **5 minutes/vitesse 4/95 °C**. Verser la sauce dans la casserole des pâtes avec le fromage râpé. Bien mélanger sans casser les pâtes.
5. Préchauffer le four à 220 °C.
6. Verser les pâtes au fromage et à la sauce dans un plat à gratin.
7. Mélanger la chapelure avec le beurre fondu et en saupoudrer les pâtes.
8. Enfourner pour 20 minutes, le dessus doit être bien croustillant.
9. Servir aussitôt.

TOMATES FARCIES
AU MAQUEREAU

- 4 tomates à farcir (350 g chacune)
- 150 g de filets de maquereau fumé
- 100 g de crème épaisse
- 1 oignon nouveau
- 1 œuf
- 2 tranches de pain (50 g)
- 2 cuillerées à soupe d'huile d'olive
- 1 pincée de sel
- 1 pincée de poivre moulu

POUR	PRÉPARATION	CUISSON
4 PERSONNES	**5** MINUTES	**45** MINUTES AU FOUR

PROGRAMME

ROBOT

1. Préchauffer le four à 180 °C.
2. Dans le mini bol, placer les filets de maquereau sans la peau, la crème, le sel, le poivre, l'oignon coupé en 4, l'œuf et le pain émietté.
3. Lancer le programme **ROBOT** et **mixer 40 secondes environ**.
4. Couper le dessus des tomates et enlever l'intérieur des tomates à l'aide d'une cuillère. Les remplir de farce et les placer dans un plat à gratin, arroser huile d'olive et placer les chapeaux dessus. Enfourner pour 45 minutes.
5. Servir chaud ou tiède.

SALADE TIÈDE
CHOU-FLEUR BROCOLI ET HADDOCK

- 300 g de fleurettes de brocoli
- 300 g de fleurettes de chou-fleur
- 500 g de haddock
- 2 échalotes hachées
- 50 ml de vin blanc sec
- 1 cuillerée à soupe de vinaigre blanc
- 100 g de beurre
- 1 bouquet de ciboulette ciselé
- 2 pincées de sel
- 2 pincées de poivre

POUR	PRÉPARATION	CUISSON
4 PERSONNES	**5** MINUTES	**40** MINUTES AU COOK EXPERT

PROGRAMMES

VAPEUR EXPERT

1. Remplir le bol inox de 500 ml d'eau et placer le panier vapeur. Poser les fleurettes de brocoli et de chou-fleur dans le panier vapeur, placer la grille et poser le morceau de haddock. Lancer le programme **VAPEUR**, **20 minutes**.

2. Débarrasser le brocoli, le chou-fleur et le haddock dans un bol couvert de film alimentaire pour les garder tièdes.

3. Vider le bol inox, la rincer et la replacer sur l'appareil. Déposer les échalotes hachées, le vin blanc et le vinaigre.

4. Lancer le programme **EXPERT**, **15 minutes/vitesse 3/110 °C**.

5. Ajouter le beurre coupé en morceaux par l'ouverture, le sel et le poivre et relancer le programme **EXPERT**, **5 minutes/vitesse 2A/120 °C**.

6. Ajouter la ciboulette par l'ouverture pour les 10 dernières secondes de cuisson.

7. Enlever la peau du haddock et l'effilocher avant de servir avec le brocoli et le chou-fleur tièdes et la sauce au beurre.

RAGOÛT POULPE

- 500 g de poulpe nettoyé coupé en morceaux
- 1 oignon jaune
- 2 gousses d'ail dégermées
- 4 cuillerées à soupe d'huile d'olive
- 400 g de pulpe de tomates en conserve
- 1 dosette de Spigol ou de safran
- 2 feuilles de laurier
- 400 g de petites pommes de terre à chair ferme épluchées
- 1 petit bouquet de persil pour servir
- 1 cuillerée à café de sel
- 2 pincées de poivre noir moulu

POUR	PRÉPARATION	CUISSON
4 PERSONNES	**10** MINUTES **12 h** DE REPOS **1 h** DE REPOS	**1 h 15**

PROGRAMME

EXPERT

1. Placer l'oignon épluché coupé en 4, les gousses d'ail et l'huile dans le bol inox. Lancer le programme **EXPERT**, **15 minutes/vitesse 8/140 °C**.
2. Ajouter les morceaux de poulpe, le Spigol, la pulpe de tomates, le sel, le poivre et le laurier.
3. Lancer le programme **EXPERT**, **30 minutes/vitesse 0/100 °C**.
4. Ajouter les pommes de terre, relancer le programme **EXPERT**, **30 minutes/vitesse 0/100 °C**.
5. Servir avec le persil rincé, effeuillé et ciselé.

CURRY
COCO CREVETTES

- 250 g de riz basmati
- 250 ml d'eau
- 400 g de crevettes crues
- 400 ml de lait de coco
- 1 oignon nouveau
- 1 petit piment rouge
- 1 petit poivron rouge (150 g) coupé en dés
- 1 petite carotte (100 g) coupée en rondelles
- 2 cuillerées à soupe d'huile de tournesol
- 2 cuillerées à café de nuoc-mâm
- 1 petit bouquet de coriandre pour servir
- 1 pincée de sel
- 1 pincée de poivre noir moulu

POUR	PRÉPARATION	CUISSON
4 PERSONNES	**5** MINUTES	**55** MINUTES AU COOK EXPERT

PROGRAMMES

VAPEUR EXPERT

1. Rincer le riz, le placer dans un bol à la taille adaptée au panier vapeur. Remplir le bol inox de 500 ml d'eau, poser le panier vapeur, remplir le bol de riz et de 250 ml d'eau.
   Lancer le programme **VAPEUR**, **30 minutes**.
   Réserver le riz dans le bol couvert de film alimentaire.
2. Vider le bol inox, le repositionner, mettre le blanc de l'oignon coupé en 4 (réserver le vert) et le piment. Lancer le programme **EXPERT**, **30 secondes/vitesse 13 (sans chauffer)**.
3. Ajouter les dés de poivron, les rondelles de carotte, l'huile, et relancer le programme **EXPERT**, **5 minutes/vitesse 2A/140 °C**.
4. Ajouter les crevettes, le lait de coco, le nuoc-mâm, le sel et le poivre. Lancer le programme **EXPERT**, **20 minutes/vitesse 1A/110 °C**.
5. Servir avec le riz basmati, le vert de l'oignon émincé et des feuilles de coriandre fraîches.

PAPILLOTES
CABILLAUD VAPEUR

- 4 filets de cabillaud (100 g chacun)
- 250 g de carottes
- 250 g de courgettes
- 350 g de pommes de terre roseval (ou à chair ferme)
- 1 oignon nouveau coupé en 4 dans la longueur
- ½ citron
- 4 pincées de paprika
- 4 pincées de cumin
- Huile d'olive
- 4 pincées de sel

POUR	PRÉPARATION	CUISSON
4 PERSONNES	**10** MINUTES	**35** MINUTES AU COOK EXPERT

PROGRAMMES

ROBOT VAPEUR

ACCESSOIRE

DISQUE RÂPEUR 4 MM

1. Placer le disque râpeur 4 mm sur le midi bol.
   Émincer les carottes, les courgettes et les pommes de terre avec la peau.
2. Placer les légumes dans le panier vapeur.
   Remplir le bol inox de 500 ml d'eau et placer le panier vapeur.
   Lancer le programme **VAPEUR**, **20 minutes**.
3. Couper 4 feuilles de papier de cuisson (20 x 30 cm environ).
4. Placer au centre de chaque feuille 1 filet de cabillaud, 1 morceau d'oignon nouveau, 1 tranche de citron, 1 pincée de sel, 1 pincée de paprika, 1 pincée de cumin et un filet d'huile d'olive.
5. Fermer les papillotes en repliant les côtés droit et gauche sur le filet de poisson puis plier les extrémités sous la papillote. Placer le disque vapeur sur le panier vapeur et disposer les papillotes dessus.
   Relancer le programme **VAPEUR**, **15 minutes**.
6. Servir aussitôt.

ÉPEAUTRE
ÉPINARDS SAUMON FUMÉ

- 1 oignon jaune
- 150 g d'épeautre
- 2 cuillerées à soupe d'huile d'olive
- 260 ml d'eau
- 1 cube de bouillon de légumes
- 300 g de tranches de saumon fumé
- 150 g d'épinards rincés, équeutés

POUR 4 PERSONNES

PRÉPARATION 10 MINUTES

CUISSON 55 MINUTES AU COOK EXPERT

PROGRAMME

EXPERT

1. Mettre l'oignon coupé en 4 dans le bol inox, lancer le programme **EXPERT**, **5 minutes/vitesse 8/140 °C**. Lorsque l'oignon est mixé, ajouter l'huile et baisser la vitesse à 1A.
2. Ajouter l'épeautre et relancer le programme **EXPERT**, **5 minutes/vitesse 1A/140 °C**.
3. Ajouter l'eau et le cube de bouillon, lancer le programme **EXPERT**, **45 minutes/vitesse 1A/100 °C**.
4. Ajouter les tranches de saumon et les épinards 5 minutes avant la fin de la cuisson.
5. Servir chaud.

RISOTTO
DE BASE

- 350 g de riz à risotto
- 2 échalotes
- 20 ml d'huile d'olive
- 30 g de beurre
- 100 ml de vin blanc sec
- 750 ml d'eau
- 1 cube de bouillon de légumes
- 200 g de parmesan râpé
- 2 pincées de sel
- 1 pincée de poivre noir du moulin

POUR	PRÉPARATION	CUISSON
4 PERSONNES	**10** MINUTES	**30** MINUTES AU COOK EXPERT

PROGRAMME

EXPERT

1. Peler les échalotes, les couper en 4. Les placer dans le bol inox. Lancer le programme **EXPERT**, **4 minutes/vitesse 2A/110 °C**.

2. Appuyer sur **PULSE** pendant 10 secondes pour hacher les échalotes. Racler les parois pour rassembler les morceaux d'échalote au centre, ajouter l'huile et le beurre coupé en dés. Relancer le programme de l'étape 1 pour le finir.

3. Ajouter le riz. Relancer le programme **EXPERT**, **4 minutes/vitesse 2A/110 °C**. Au bout de 2 minutes, ajouter le vin blanc par l'ouverture.

4. À la fin du programme, ajouter l'eau, le sel, le poivre et le cube de bouillon de légumes par l'ouverture.

5. Lancer le programme **EXPERT**, **18 minutes/vitesse 2A/100 °C**. Ajouter la moitié du parmesan râpé par l'ouverture et relancer le programme **EXPERT**, **2 minutes/vitesse 2A/100°C**.

6. Servir avec le reste de parmesan râpé.

RISOTTO CAROTTE

AJOUTER AUX INGRÉDIENTS DE BASE :
- 2 petites carottes coupées en fines rondelles

Remplacer l'eau par 750 ml de jus de carotte.
Dans le déroulé, mettre les carottes en même temps que le riz. Servir avec ou sans parmesan râpé.

RISOTTO SAFRAN CHORIZO

AJOUTER AUX INGRÉDIENTS DE BASE :
- 1 pincée de safran ou de Spigol
- 150 g de chorizo coupé en tranches

Dans le déroulé, mettre le chorizo en même temps que le beurre et l'huile. Retirer quelques tranches pour la décoration avant d'ajouter le riz. Servir avec les tranches de chorizo, avec ou sans parmesan.

RISOTTO AUX LÉGUMES

AJOUTER AUX INGRÉDIENTS PRÉCÉDENTS :
- 100 g de petits pois surgelés
- 150 g de pointes d'asperge
- 200 g de champignons de Paris

Couper le bas des pieds des champignons et les couper en 4. Couper la partie basse dure des asperges, les couper en tronçons de 4 cm. Dans le déroulé, mettre les champignons en même temps que le beurre et l'huile, ajouter les asperges et les petits pois surgelés en même temps que l'eau. Servir avec le parmesan râpé.

AUTO
OK
Expert
magimix

Accompagnements

POTIRON
MARINÉ

- 800 g de potiron épluché
- 1 gousse d'ail dégermée
- 4 cuillerées à soupe d'huile d'olive
- 2 cuillerées à soupe de sauce soja
- 1 cuillerée à soupe de vinaigre balsamique
- 2 cuillerées à soupe de sirop d'érable
- 1 pincée de piment en poudre
- 100 g de fromage de chèvre frais
- 10 feuilles de menthe
- 10 feuilles de basilic
- 2 cuillerées à soupe de levure de bière
- 2 pincées de poivre moulu

POUR	PRÉPARATION	CUISSON
4 PERSONNES	**20** MINUTES **15** MINUTES DE REPOS	**10** MINUTES AU COOK EXPERT

PROGRAMMES

VAPEUR ROBOT

1. Couper le potiron en cubes de 3-4 cm. Installer le bol inox avec 500 ml d'eau, placer le panier vapeur et mettre les cubes de potiron. Lancer le programme **VAPEUR**, **20 minutes**.
2. Garder les cubes au chaud dans un saladier couvert.
3. Installer ensuite le mini bol, mettre la gousse d'ail, l'huile d'olive, la sauce soja, le vinaigre balsamique, le sirop d'érable, le piment et le poivre. **Mixer pendant 30 secondes**.
4. Verser cette sauce sur les cubes de potiron chaud, mélanger et laisser reposer 15 minutes.
5. Émietter le fromage de chèvre, ciseler la menthe et le basilic. Mélanger avec le potiron mariné et servir aussitôt saupoudré de levure de bière.

GRATIN
DAUPHINOIS

- 1,5 kg de pommes de terre épluchées rincées (type amandine, charlotte, nicola)
- 1 gousse d'ail
- 20 g de beurre
- 900 ml de crème liquide entière
- 3 pincées de muscade moulue
- 4 pincées de sel
- 4 pincées de poivre moulu

POUR	PRÉPARATION	CUISSON
6 PERSONNES	**10** MINUTES	**45** MINUTES AU FOUR

PROGRAMME

ROBOT

ACCESSOIRE

E2 DISQUE ÉMINCEUR 2 MM

1. Installer le bol transparent avec le disque éminceur 2 mm.
2. **Émincer les pommes de terre**. Ne surtout pas les rincer car il faut garder le jus avec l'amidon.
3. Préchauffer le four à 180 °C. Frotter l'intérieur d'un plat à gratin avec la gousse d'ail écrasée et l'enduire de la moitié du beurre.
4. Mettre un peu de crème au fond du plat, déposer une couche de tranches de pomme de terre. Saler, poivrer, mettre une pincée de noix de muscade et couvrir de crème liquide. Recommencer l'opération 2 fois encore.
5. Parsemer de morceaux de beurre restant. Enfourner pour 45 minutes à 180 °C. Servir aussitôt.

CAROTTES
À LA BÉCHAMEL

- 750 g de carottes
- 50 g de beurre
- 1 gousse d'ail dégermée coupée en 4
- 50 g de farine
- 500 ml de lait entier
- 1 pincée de noix de muscade
- 6 branches de persil ciselé pour servir
- 2 pincées de sel
- 1 pincée de poivre noir moulu

POUR	PRÉPARATION	CUISSON
4 PERSONNES	10 MINUTES	27 MINUTES AU COOK EXPERT

PROGRAMMES

ROBOT VAPEUR EXPERT

ACCESSOIRE

E4 DISQUE ÉMINCEUR 4 MM

1. Installer le bol transparent avec le disque éminceur 4 mm. Émincer les carottes lavées.
2. Installer ensuite le bol inox avec 500 ml d'eau. Placer le panier vapeur avec les rondelles de carotte. Lancer le programme **VAPEUR**, **15 minutes**.
3. Vider le bol, la réinstaller puis ajouter le beurre et la gousse d'ail, lancer le programme **EXPERT**, **3 minutes/vitesse 1A/140 °C** puis appuyer sur **PULSE** pour hacher l'ail.
4. Ajouter la farine, le lait, le sel, le poivre et la muscade moulue. Relancer le programme **EXPERT**, **8 minutes/vitesse 4/95 °C**.
5. Ajouter les carottes cuites, relancer le programme **EXPERT**, **1 minute/vitesse 1A/90 °C.**
6. Servir avec le persil ciselé.

ENDIVES
BRAISÉES

- 8 endives
- 2 échalotes
- 40 g de beurre
- 1 cuillerée à soupe de cassonade
- 6 baies de genièvre écrasées
- 30 cl de bière ambrée
- Le jus et zeste de 1 orange
- 2 pincées de sel

POUR	PRÉPARATION	CUISSON
4 PERSONNES	**5** MINUTES	**45** MINUTES AU COOK EXPERT

PROGRAMME

EXPERT

1. Placer les échalotes épluchées dans le bol inox et lancer le programme **EXPERT**, **5 minutes/vitesse 1A/140 °C**.
2. Appuyer sur **PULSE** 5 secondes pour hacher l'échalote, rabattre avec la spatule, ajouter le beurre coupé en morceaux et relancer le programme de l'étape 1 pour le finir.
3. Ajouter le reste des ingrédients et lancer le programme **EXPERT**, **40 minutes/vitesse 1A/120 °C**.
4. Servir chaud.

STOP
Expert
magimix

GRATIN DE FENOUIL AU LAIT DE COCO

- 750 g de fenouil
- 800 ml de lait de coco
- Le jus et le zeste de 1 citron vert
- 2 pincées de sel
- 2 pincées de poivre moulu

POUR	PRÉPARATION	CUISSON
6 PERSONNES	5 MINUTES	1 h 30 AU FOUR

PROGRAMME

ROBOT

ACCESSOIRE

E2 DISQUE ÉMINCEUR 2 MM

1. Préchauffer le four à 150 °C.
2. Installer le bol transparent avec le disque éminceur 2 mm.
3. Couper la base des fenouils ainsi que la partie dure ou sèche des branches. **Émincer**.
4. Placer le fenouil émincé dans un plat à gratin, couvrir de lait de coco.
5. Saler, poivrer, arroser de jus de citron vert et parsemer de zeste de citron vert.
6. Enfourner pour 1 h 30. Tout le liquide doit être évaporé (sinon, poursuivre la cuisson jusqu'à totale évaporation du liquide).

GNOCCHIS
PATATE DOUCE

- 400 g de patate douce
- 200 g de pommes de terre à chair farineuse (bintje)
- 160 g de farine de blé T65
- 1 œuf
- 340 g de semoule fine de blé + un peu pour rouler les gnocchis
- 12 feuilles de sauge
- 12 brins de ciboulette ciselés
- 1 pincée de noix de muscade
- 2 pincées de sel
- 2 pincées de poivre moulu

POUR	PRÉPARATION	CUISSON
4 PERSONNES	**15** MINUTES	**30** MINUTES AU COOK EXPERT **10** MINUTES À LA CASSEROLE

PROGRAMMES

VAPEUR

PÂTE/GÂTEAU

1. Peler la patate douce et les pommes de terre, les placer entières dans le panier vapeur, remplir le bol inox de 500 ml d'eau chaude. Placer le panier et lancer le programme **VAPEUR**, **30 minutes**.

2. Enlever le panier vapeur, nettoyer le bol inox et y placer les pommes de terre et la patate douce cuites coupées en dés, la farine, l'œuf, la semoule, les feuilles de sauge, la ciboulette, la muscade, le sel et le poivre.

3. Lancer le programme **PÂTE/GÂTEAU**. Rabattre si nécessaire et relancer le même programme.

4. Prélever ensuite des petits morceaux de pâte (l'équivalent de 1 cuillerée à café) et les rouler dans la semoule.

5. Faire chauffer une grande quantité d'eau salée, plonger les gnocchis dans l'eau bouillante et attendre qu'ils remontent à la surface pour les égoutter. Servir avec une noix de beurre ou de l'huile d'olive et du parmesan râpé.

SAUCE
AU POIVRON

- 1 kg de poivrons (couleurs au choix)
- 1 oignon jaune émincé
- 2 cuillerées à soupe d'huile d'olive
- 150 g d'olives
- 35 g de pignons
- 35 g de pistaches décortiquées
- 200 g de coulis de tomates
- 6 branches de basilic effeuillées
- 1 cuillerée à café de sel

POUR	PRÉPARATION	CUISSON
6 PERSONNES	**5** MINUTES	**30** MINUTES AU COOK EXPERT

PROGRAMME

EXPERT

1. Rincer et vider les poivrons. Les couper grossièrement.
2. Les placer dans le bol inox avec l'oignon émincé, l'huile d'olive, les olives, les pignons, les pistaches, le coulis de tomates, le sel et les feuilles de basilic.
3. Lancer le programme **EXPERT**, **30 minutes/vitesse 2A/100 °C**.
4. Servir avec des pâtes, quelques pignons et pistaches et des feuilles de basilic frais ciselées.

PULSE

CAPONATA

- 1 kg d'aubergines
- 5 gousses d'ail dégermées
- 8 cuillerées à soupe d'huile d'olive
- 250 g de courgettes coupées en dés
- 250 g de poivron rouge coupé en dés
- 150 g de céleri branche émincé
- 1 boîte de conserve de tomates entières au jus, égouttées (600 g)
- 1 bocal de câpres (200 g)
- 100 ml de vinaigre de vin
- 100 g d'olives noires
- 2 cuillerées à soupe de sucre
- 40 g d'amandes hachées pour servir
- 2 pincées de sel

POUR	PRÉPARATION	CUISSON
6 PERSONNES	**10** MINUTES	**1 h 40** AU COOK EXPERT

PROGRAMME

EXPERT

1. Rincer et couper les aubergines en gros cubes.
2. Mettre les gousses d'ail déjà hachées avec les aubergines et l'huile d'olive dans le bol inox et lancer le programme **EXPERT**, **0 minutes/2A/140 °C**.
3. Ajouter les courgettes et le poivron. Relancer le programme **EXPERT**, **20 minutes/2A/140 °C**.
4. Ajouter le céleri émincé, les tomates égouttées et le sel.
5. Relancer le programme **EXPERT**, **30 minutes/2A/140 °C**.
6. Ajouter les câpres égouttées, le vinaigre, les olives et le sucre. Relancer le programme **EXPERT**, **30 minutes/2A/110 °C**.
7. Servir chaud, tiède ou froid avec des amandes hachées.

OK
Expert
magimix

CÉLERI-RAVE
ET POIREAUX SAUTÉS

- 400 g de céleri-rave
- 400 g de poireaux
- 2 cuillerées à soupe d'huile de coco
- 40 g de beurre
- 1 petit bouquet de coriandre ciselé
- Copeaux de noix de coco pour servir

POUR	PRÉPARATION	CUISSON
4 PERSONNES	10 MINUTES	30 MINUTES AU COOK EXPERT

PROGRAMMES

ROBOT — EXPERT

ACCESSOIRES

R4 DISQUE RÂPEUR 4 MM — E2 DISQUE ÉMINCEUR 2 MM

1. Éplucher le céleri-rave. Le couper en bâtons de 4 cm de large.
2. Enlever les premières feuilles des poireaux si elles sont abîmées, couper la partie dure et verte des feuilles, fendre les poireaux en 2 et les rincer.
3. Installer le midi bol avec le disque râpe 4 mm.
4. Lancer le programme **ROBOT** et râper le céleri-rave. Installer le disque éminceur 2 mm puis émincer les poireaux.
5. Installer le bol inox, verser l'huile de coco, le beurre, le céleri et les poireaux. Lancer le programme **EXPERT**, **30 minutes/1A/120 °C**.
6. Servir chaud avec de la coriandre ciselée et des copeaux de noix de coco.

AUBERGINES
MARINÉES

- 1 kg d'aubergines fermes
- 2 cuillerées à soupe d'huile de sésame
- 50 ml d'eau
- 2 cuillerées à soupe de miso
- 1 cuillerée à soupe de sauce mirin
- 1 cuillerée à soupe de cassonade
- 2 pincées de graines de sésame pour servir
- 1 pincée de sel

POUR	PRÉPARATION	CUISSON
4 PERSONNES	**5** MINUTES	**30** MINUTES AU COOK EXPERT

PROGRAMME

EXPERT

1. Couper les aubergines en cubes de 2 cm de côté.
2. Les déposer dans le bol inox avec l'huile de sésame, l'eau, le miso, la sauce mirin, la cassonade et le sel. Lancer le programme **EXPERT** , **30 minutes/vitesse 1A/110 °C**.
3. Servir chaud saupoudré de graines de sésame.

PURÉE
DE FÈVES

- 750 g de fèves fraîches écossées
- 100 g de crème épaisse
- Le jus et le zeste de 1 citron
- 12 feuilles de menthe ciselées pour servir
- 2 pincées de sel
- 1 pincée de poivre noir moulu

POUR	PRÉPARATION	CUISSON
4 PERSONNES	**5** MINUTES	**20** MINUTES AU COOK EXPERT

PROGRAMMES

VAPEUR EXPERT

1. Installer le bol inox avec 500 ml d'eau, mettre le panier vapeur avec les fèves fraîches. Lancer le programme **VAPEUR**, **15 minutes**.
2. Vider le bol, le replacer, mettre les fèves cuites, la crème épaisse, le jus de citron, le sel et le poivre.
3. Lancer le programme **EXPERT**, **5 minutes/vitesse 5/60 °C**.
4. Servir chaud ou froid parsemé de zeste de citron et de menthe ciselée.

PURÉE
DE PANAIS

- 800 g de panais épluché
- 10 g de beurre salé
- 4 filets d'anchois à l'huile d'olive
- le zeste de ½ citron pour servir
- 4 branches de persil effeuillées, hachées
- 2 pincées de poivre noir moulu

POUR	PRÉPARATION	CUISSON
4 PERSONNES	5 MINUTES	20 MINUTES AU COOK EXPERT

PROGRAMMES

VAPEUR EXPERT

1. Installer le bol inox avec 500 ml d'eau, mettre le panier vapeur avec les panais coupés en rondelles de 2 cm d'épaisseur. Lancer le programme **VAPEUR**, **15 minutes**.
2. Vider le bol, le replacer, mettre les panais cuits, le beurre, les filets d'anchois et le poivre.
3. Lancer le programme **EXPERT**, **5 minutes/vitesse 5/60 °C**.
4. Servir chaud parsemé de zeste de citron et de persil haché.

HASHBROWN

- 800 g de pommes de terre à chair ferme épluchées et lavées
- 2 cuillerées à soupe d'huile d'olive
- 2 pincées de sel
- 2 pincées de poivre moulu

POUR	PRÉPARATION	CUISSON
4 PERSONNES	5 MINUTES	20 MINUTES AU FOUR

PROGRAMME

ROBOT

ACCESSOIRE

R2

DISQUE RÂPEUR 2 MM

1. Préchauffer le four à 220 °C.
2. Installer le midi bol avec le disque râpeur 2 mm.
3. **Râper les pommes de terre**. Les mettre dans un bol et mélanger avec le sel, le poivre et l'huile d'olive.
4. Former 8 galettes avec la préparation en les étalant sur une plaque recouverte de papier de cuisson.
5. Enfourner pour 10 minutes, sortir la plaque, retourner les galettes avec une spatule large et enfourner à nouveau pour 10 minutes.
6. Servir aussitôt.

QUENELLES
EN BÉCHAMEL

- 400 g de quenelles (8 portions nature, au brochet ou aux champignons)
- 50 g de beurre
- 50 g de farine T65
- 750 ml de lait
- 2 pincées de noix de muscade moulue
- 100 g de comté râpé
- 2 pincées de sel
- 2 pincées de poivre moulu

POUR	PRÉPARATION	CUISSON
4 PERSONNES	**5** MINUTES	**12** MINUTES AU COOK EXPERT
		30 MINUTES AU FOUR

PROGRAMME

EXPERT

1. Préchauffer le four à 200 °C.
2. Mettre le beurre coupé en morceaux et la farine dans le bol inox. Lancer le programme **EXPERT**, **5 minutes/vitesse 1A/140 °C**.
3. Ajouter le lait, le sel, le poivre et la noix de muscade. Lancer le programme **EXPERT**, **10 minutes/vitesse 3/95 °C**.
4. Ranger les quenelles dans un plat à gratin, verser par-dessus la béchamel, parsemer de comté râpé et enfourner pour 30 minutes.
5. Servir immédiatement.
6. On peut aromatiser la sauce de concentré de tomates, d'herbes fraîches, d'épices (piment, paprika, curry).

GRATIN DE LÉGUMES RÂPÉS

- 500 g de pommes de terre à chair ferme épluchées
- 500 g de légumes au choix (carotte, topinambour, céleri-rave, fenouil, butternut) épluchés
- 50 g de beurre
- 500 ml de lait entier
- 50 g de farine
- 1 pincée de noix de muscade
- 1 cuillerée à café de paprika fumé
- 100 g d'emmental râpé
- 1 pincée de sel
- 1 pincée de poivre noir moulu

POUR
4 PERSONNES

PRÉPARATION
10 MINUTES

CUISSON
15 MINUTES AU COOK EXPERT
30 MINUTES AU FOUR

PROGRAMMES
ROBOT
EXPERT

1. Placer le midi bol avec le disque râpeur 2 mm.
2. Râper tous les légumes. Les mélanger et mettre dans un plat à gratin.
3. Préchauffer le four à 180 °C.
4. Dans le bol inox, mettre le beurre et lancer le programme **EXPERT**, **5 minutes/vitesse 1A/140 °C**.
5. Ajouter le lait, la farine, la muscade, le paprika, le sel et le poivre. Relancer le programme **EXPERT**, **10 minutes/vitesse 3/95 °C**.
6. Verser la béchamel sur les légumes râpés, bien mélanger, parsemer d'emmental râpé et enfourner pour 30 minutes à 180 °C.
7. Servir chaud.

CHOU CHINOIS
SÉSAME GINGEMBRE

- 1 chou chinois (750 g)
- 20 g de gingembre épluché
- 2 cuillerées à soupe d'huile d'olive
- 2 cuillerées à soupe de sauce soja
- 2 cuillerées à soupe de graines de sésame

POUR	PRÉPARATION	CUISSON
4 PERSONNES	**5** MINUTES	**20** MINUTES AU COOK EXPERT

PROGRAMME

EXPERT

1. Couper le chou en deux dans le sens de la hauteur. Retirer le cœur dur et les premières feuilles si elles sont abîmées. Le couper en huit morceaux.
2. Mettre le gingembre coupé en petits morceaux dans le bol inox avec l'huile d'olive. Lancer le programme **EXPERT**, **10 minutes/vitesse 1A/ 140 °C**. Appuyer sur **PULSE** pour hacher le gingembre.
3. Racler les parois avec la spatule pour faire tomber le gingembre, ajouter le chou chinois.
4. Lancer la fin du programme en enlevant le bouchon. 5 minutes avant la fin, verser la sauce soja et les graines de sésame par l'ouverture. Servir chaud.

POLENTA
FILANTE

- 250 g de polenta
- 850 g d'eau
- 20 g de beurre
- 250 g de mozzarella coupée en morceaux
- 125 g de parmesan râpé
- 1 petit bouquet de basilic effeuillé
- 2 pincées de sel

POUR	PRÉPARATION	CUISSON
4 PERSONNES	**5** MINUTES	**10** MINUTES AU MAGIMIX

PROGRAMME

EXPERT

1. Verser l'eau, le sel, la polenta en pluie et le beurre coupé en morceaux dans le bol inox. Lancer le programme **EXPERT**, **10 minutes/vitesse 3/ 100 °C**.

2. À la fin du programme ajouter la mozzarella, le parmesan et le basilic ciselé. Relancer le programme **EXPERT**, **30 secondes/vitesse 4 (sans cuisson)**.

3. Servir aussitôt ou verser dans un plat et laisser refroidir. On peut ensuite couper des tranches de polenta et les passer sous le gril du four.

AUTOUR DE LA POMME DE TERRE

ALIGOT

POUR : 4 PERSONNES | PRÉPARATION : 5 MINUTES | CUISSON : 35 MINUTES
PROGRAMMES : VAPEUR/EXPERT

- 500 g de pommes de terre à chair farineuse épluchées (env. entre 50 et 60 g pièce)
- 1 gousse d'ail dégermée hachée
- 100 g de tomme fraîche
- 100 g de cantal râpé
- 100 g de crème épaisse
- 2 pincées de sel
- 2 pincées de poivre noir moulu

Installer le bol inox avec 500 ml d'eau. Placer les pommes de terre entières dans le bol. Lancer le programme **VAPEUR**, **30 minutes**.
Vider l'eau du bol, remettre les pommes de terre et ajouter la gousse d'ail, la tomme fraîche coupée en morceaux, le cantal râpé, la crème épaisse, le sel et le poivre.
Lancer le programme **EXPERT**, **5 minutes/vitesse 6/ 50 °C**. Servir aussitôt.

POMME DE TERRE ET COURGETTE

POUR : 4 PERSONNES | PRÉPARATION : 5 MINUTES | CUISSON : 30 MINUTES
PROGRAMMES : VAPEUR/EXPERT

- 400 g de pommes de terre à chair ferme épluchées
- 500 g de courgettes
- 30 g de beurre salé

Installer le bol inox avec 500 ml d'eau. Mettre les pommes de terre coupées en 4 dans le papier vapeur. Lancer le programme **VAPEUR**, **15 minutes**.
Ajouter les courgettes coupées en rondelles, relancer le programme **VAPEUR**, **15 minutes**.
Enlever le panier vapeur, vider le bol, mettre les pommes de terre et les courgettes avec le beurre coupé en morceaux. Lancer le programme **EXPERT**, **30 secondes/vitesse 3 (sans cuisson)**. Servir aussitôt.

POMME DE TERRE ET CABILLAUD

POUR : 4 PERSONNES | PRÉPARATION : 5 MINUTES | CUISSON : 30 MINUTES
PROGRAMMES : VAPEUR/EXPERT

- 400 g de pommes de terre à chair farineuse épluchées
- 400 g de filets de cabillaud
- 1 gousse d'ail dégermée
- 4 branches de persil effeuillées
- 2 œufs
- 2 cuillerées à soupe d'huile d'olive
- 1 pincée de sel

Installer le bol inox avec 500 ml d'eau. Mettre les pommes de terre coupées en 4 dans le papier vapeur. Lancer le programme **VAPEUR**, **30 minutes**.
Au bout de 15 minutes, ajouter les œufs dans le panier vapeur, poser la grille sur le panier vapeur avec les filets de cabillaud et lancer la fin du programme.
Plonger les œufs dans de l'eau froide, retirer les arêtes du cabillaud s'il y en a.
Vider le bol inox, la replacer et ajouter la gousse d'ail et le persil.
Lancer le programme **EXPERT**, **20 secondes/vitesse 10 (sans cuisson)**.
Ajouter les pommes de terre, le cabillaud, les œufs écalés, le sel et l'huile.
Lancer le programme **EXPERT**, **30 secondes/vitesse 3 (sans cuisson)**. Servir aussitôt.

POMME DE TERRE, THYM & HUILE D'OLIVE

POUR : 4 PERSONNES | PRÉPARATION : 5 MINUTES | CUISSON : 30 MINUTES
PROGRAMME : EXPERT

- 750 g de pommes de terre à chair ferme épluchées
- 3 branches de thym effeuillées
- 4 cuillerées à soupe d'huile d'olive
- 1 gousse d'ail dégermée coupée en 4
- 1 pincée de sel

Couper les pommes de terre en dés. Les placer dans le bol inox avec le thym, l'huile d'olive, la gousse d'ail et le sel. Lancer le programme **EXPERT**, **30 minutes/vitesse 1A/120 °C**.
Servir aussitôt.

8 SAUCES

BÉCHAMEL

PRÉPARATION : 5 MINUTES | CUISSON : 15 MINUTES
PROGRAMME : EXPERT

- 50 g de beurre
- 500 ml de lait (au choix animal ou végétal)
- 50 g de fécule de maïs
- 1 pincée de sel
- 1 pincée de poivre noir moulu
- 1 pincée de noix de muscade râpée

Placer le beurre dans le bol inox et lancer le programme **EXPERT**, **5 minutes /vitesse 1A/ 140 °C** en retirant le bouchon.
Au bout de 3 minutes, ajouter la farine par l'ouverture. Ajouter le lait, le sel, le poivre, la muscade, relancer le programme **EXPERT**, **10 minutes /vitesse 4/95 °C**.
On peut aromatiser la béchamel de 1 cuillerée à soupe de curry en poudre, de concentré de tomates, d'herbes fraîches ou sèches ciselées.

SAUCE ÉCHALOTE

PRÉPARATION : 5 MINUTES| CUISSON : 10 MINUTES
PROGRAMME : EXPERT

- 50 g d'échalotes
- 50 g de beurre froid
- 2 cuillerées à soupe de vinaigre de xérès
- 3 cuillerées à soupe de bouillon (cube ou maison)
- 1 pincée de sel
- 1 pincée de poivre blanc moulu

Éplucher les échalotes, les couper en 4, les placer dans le bol inox. Lancer le programme **EXPERT** **8, 10 minutes /vitesse 3/ 120 °C**. Appuyer sur **PULSE** pour hacher les échalotes, stopper, ouvrir le couvercle et rabattre. Relancer le programme, ajouter la moitié du beurre coupé en dés. Au bout de 5 minutes, verser le vinaigre puis le bouillon, le sel et le poivre. Pour la dernière minute, ajouter le reste du beurre coupé en dés. Servir sur une pièce de bœuf grillée.

BÉARNAISE

PRÉPARATION : 5 MINUTES| CUISSON : 8 MINUTES
PROGRAMME : EXPERT

- 50 g d'échalotes
- 100 g de beurre froid
- 30 ml de vinaigre de xérès
- 3 jaunes d'œufs
- 1 pincée de sel
- 1 pincée de poivre moulu
- 2 branches d'estragon frais ciselées ou 1 cuillerée à soupe d'estragon séché

Éplucher les échalotes, les couper en 4, les placer dans le bol inox avec le vinaigre, le sel et le poivre. Lancer le programme **EXPERT**, **4 minutes /vitesse 4/100 °C**. Appuyer sur **PULSE** pour hacher les échalotes, stopper, ouvrir le couvercle et rabattre. Relancer le programme **EXPERT**, **1 minute/ vitesse 6/ 80 °C**, ajouter les jaunes d'œufs par l'ouverture pendant le fonctionnement.
Relancer le programme **EXPERT**, **2 minutes/vitesse 4/ 45 °C** en ajoutant le beurre coupé en morceaux et l'estragon. Servir avec une viande grillée, du poisson blanc ou des pommes de terre vapeur.

CHIMICHURRI

PRÉPARATION : 10 MINUTES| PROGRAMME : ROBOT

- 1 petit bouquet de persil
- 1 petit oignon blanc
- 1 gousse d'ail
- 1 cuillérée à café d'origan
- 1 cuillérée à café de cumin
- 1 cuillérée à café de paprika
- 1 pincée de piment de Cayenne
- 2 feuilles de laurier
- 50 ml de vinaigre de xérès ou de vin rouge
- 150 ml d'huile d'olive
- 25 cl d'eau bouillante
- 1 pincée de sel

Rincer et effeuiller le persil. Peler l'oignon et l'ail. Placer dans le bol transparent du robot avec le couteau métal l'oignon coupé en 4 et la gousse d'ail. **Mixer** **5 secondes** pour les hacher.
Ajouter le persil, **Hacher de nouveau 5 à 10 secondes**. Racler les parois, ajouter l'origan, le cumin, le paprika, le piment, le laurier et le sel. **Mixer** **à nouveau 5 secondes**. Verser le mélange dans un bol, ajouter l'eau bouillante, le vinaigre et l'huile d'olive. Mélanger et laisser refroidir avant de placer au frais. Servir avec une viande grillée ou un fromage à pâte fleurie type camembert ou coulommiers.

MAYONNAISE

PRÉPARATION : 5 MINUTES | PROGRAMME : BLANCS EN NEIGE

- 1 jaune d'œuf
- 1 cuillerée à soupe rase de moutarde (fine ou à l'ancienne)
- 100 ml d'huile de pépins de raisin ou de tournesol
- 1 cuillerée à soupe de vinaigre (blanc/Xérès/vin rouge/cidre au choix) ou de jus de citron
- 1 pincée de sel
- 1 pincée de poivre moulu

Dans le bol inox, installer le batteur à blancs d'œufs. Mettre le jaune d'œuf, la moutarde, le sel et le poivre. Lancer le programme **BLANCS EN NEIGE**, **vitesse 7**.
Au bout de 30 secondes, ajouter l'huile en filet petit à petit pour faire monter la mayonnaise. Ajouter le vinaigre 30 secondes avant la fin. Placer dans un pot hermétique au réfrigérateur et consommer dans les 48 heures. Il est possible de remplacer une partie de l'huile par de l'huile d'olive pour donner un goût plus fruité.

KETCHUP

PRÉPARATION : 5 MINUTES | CUISSON : 10 MINUTES | PROGRAMME : EXPERT

- 1 oignon rouge (100 g)
- 300 g concentré de tomates
- 100 g de sucre
- 125 ml de vinaigre blanc
- 100 ml d'eau
- 1 pincée de sel

Peler et couper l'oignon en 4. Placer tous les ingrédients dans le bol inox et lancer le programme **EXPERT**, **10 minutes/vitesse 3/100°C**. Mettre le ketchup dans un bocal ou une bouteille et laisser refroidir avant de placer au frais.

SAUCE ROUGAILLE

PRÉPARATION : 5 MINUTES | PROGRAMME : ROBOT
ACCESSOIRE : DISQUE RÂPEUR 4 MM

- 1 petit bouquet de coriandre
- 20 g de gingembre
- 1 gousse d'ail dégermée
- Le jus de 1 citron vert
- 250 g de tomates bien mûres
- 1 pincée de sel
- 1 pincée de poivre noir moulu

Rincer, sécher, effeuiller grossièrement la coriandre. Placer l'ail et le gingembre dans le mini bol du robot. **Mixer** **5 secondes** pour les hacher. Ajouter la coriandre, **Hacher de nouveau 5 secondes**. Retirer la lame et installer le disque râpeur 4 mm en programme **ROBOT**.
Râper les tomates. Verser le tout dans un bol, mélanger au jus de citron vert, assaisonner. Placer au frais. Servir avec des saucisses grillées, du riz blanc ou du poulet rôti.

PESTO

PRÉPARATION : 5 MINUTES | PROGRAMME : ROBOT

- 100 g de basilic frais
- 50 g de pignons de pin
- 100 ml d'huile d'olive
- 1 morceau de 100 g de parmesan
- 1 pincée de sel

Rincer le basilic, couper le parmesan en dés. Placer tous les ingrédients dans le mini bol du robot. **Mixer** jusqu'à ce que le mélange soit homogène (10-15 secondes).
Pour servir avec des pâtes, toujours mélanger le pesto avec 1 à 2 louches d'eau de cuisson pour le liquéfier et obtenir une sauce onctueuse qui ne séchera pas les pâtes.

Pains, tartes & quiches

FOCACCIA
AUX OLIVES

- 375 g de farine T65
- 7,5 g de levure fraîche de boulanger
- 225 ml d'eau tiède + 25 ml
- 10 ml d'huile d'olive + 25 ml
- 6 g de sel
- 75 g d'olives noires denoyautées
- 2 branches de romarin effeuillées
- 2 pincées de fleur de sel

POUR	PRÉPARATION	CUISSON
6 PERSONNES	20 MINUTES	1 h AU FOUR

PROGRAMME

PAIN BRIOCHE

1. Préchauffer le four en fonction étuve (ou à 40 °C).
2. Placer la levure émiettée et les 225 ml d'eau tiède dans le bol inox. Lancer le programme **PAIN/BRIOCHE**. À l'arrêt automatique, ajouter dans cet ordre la farine, 10 ml d'huile d'olive, les olives, le romarin et le sel puis lancer la fin du programme.
3. Placer la pâte dans un grand bol légèrement huilé recouvert de film alimentaire et enfourner pour 10 minutes.
4. Placer délicatement la pâte en boule sur une plaque allant au four recouverte de papier de cuisson et enfourner à nouveau pour 10 minutes.
5. Étaler délicatement la pâte sur 2 cm d'épaisseur avec un rouleau à pâtisserie. Enfourner pour 20 minutes. Fouetter les 25 ml d'eau et les 25 ml restants d'huile d'olive. Sortir la plaque du four, appuyer sur la pâte avec les doigts pour former des trous sans la transpercer. Arroser du mélange huile-eau pour remplir les trous. Enfourner à nouveau pour 20 minutes.
6. Augmenter enfin le four à 200 °C. Saupoudrer la focaccia de fleur de sel et du reste de feuilles de romarin, enfourner pour 20 minutes. Le dessus doit être doré et croustillant à la sortie du four.

SWIRL BRIOCHE
TOMATE RICOTTA

- 100 ml de lait entier
- 14 g de levure fraîche de boulanger
- 340 g de farine de blé T65
- 8 g de sel
- 20 g de sucre
- 2 œufs battus
- 60 g de beurre
- 100 g de ricotta
- 100 g de pâte de tomates séchées
- 1 jaune d'œuf pour dorer
- 1 cuillerée à café d'origan
- 1 pincée de fleur de sel

POUR
4 PERSONNES

PRÉPARATION
15 MINUTES
3 h DE REPOS

CUISSON
25 MINUTES AU FOUR

PROGRAMME
PAIN BRIOCHE

1. Dans le bol inox, placer le lait et la levure boulangère émiettée. Lancer le programme **PAIN/BRIOCHE**. À l'arrêt automatique, ajouter la farine, le sel et le sucre.

2. Ajouter les l'oeufs et relancer le programme **PAIN/BRIOCHE**. À l'arrêt automatique, ajouter le beurre coupé en morceaux et relancer la fin du programme.

3. Mettre la pâte dans un grand bol, couvrir de film alimentaire. Laisser la pâte reposer pendant 1 h 30 dans un endroit tiède (ou dans la fonction étuve du four). La pâte doit doubler de volume.

4. Faire tomber la pâte sur un plan de travail fariné et appuyer doucement avec la paume des mains pour dégazer la pâte. L'étaler avec un rouleau à pâtisserie en la farinant légèrement en un rectangle de 40 x 20 cm. Étaler la ricotta sur toute la surface puis étaler par-dessus la pâte de tomates séchées. Rouler la partie de 20 cm pour obtenir un pain enroulé et le placer dans un moule à cake fariné. Couvrir de film alimentaire et laisser reposer encore 1 h 30.

5. Préchauffer le four à 170 °C chaleur tournante. Battre le jaune d'œuf et l'étaler au pinceau sur la surface de la brioche. Parsemer d'origan et de fleur de sel. Enfourner pour 25 minutes.

6. Attendre que la brioche refroidisse et, dès que l'on peut toucher le moule sans se brûler, démouler et laisser refroidir sur une grille.

QUICHE AUX BLETTES

PÂTE

- 100 g de farine de blé T65
- 20 g de farine de sarrasin
- 60 g de beurre salé froid coupé en dés
- 50 ml de lait

GARNITURE

- 500 g de blettes
- 1 petit oignon jaune
- 100 ml de crème liquide
- 2 pincées de noix de muscade
- 1 œuf
- 50 g de mimolette râpée
- 50 g de comté râpé
- 10 g de beurre
- 2 pincées de sel
- 2 pincées de poivre moulu

POUR	PRÉPARATION	CUISSON
6 PERSONNES	**10** MINUTES	**10** MINUTES AU COOK EXPERT
	1 h DE REPOS	**50** MINUTES AU FOUR

PROGRAMMES

PÂTE GÂTEAU — EXPERT

1. Installer le bol inox, mettre la farine de blé, la farine de sarrasin, le beurre coupé en dés et le lait. Lancer le programme **PÂTE/GÂTEAU**.
2. Former une boule avec la pâte et la placer au frais pour 1 heure.
3. Préchauffer le four à 180 °C.
4. Étaler la pâte aux dimensions du moule utilisé, foncer le moule, piquer le fond avec une fourchette et enfourner pour 20 minutes.
5. Dans le bol inox propre, placer les blettes entières rincées, séchées et hachées grossièrement, l'oignon pelé et coupé en 8 et le beurre. Lancer le programme **EXPERT**, **10 minutes/vitesse 1A/120 °C**.
6. Ajouter la crème liquide, le sel, le poivre, la noix de muscade et l'œuf. Relancer le programme **EXPERT**, **2 minutes/vitesse 2A (sans cuisson)**.
7. Verser la préparation sur le fond de tarte précuit, parsemer des fromages râpés, mélanger légèrement et enfourner pour 30 minutes. Servir chaud ou tiède.

TARTE
BROUSSE COURGETTES

PÂTE
- 250 g de farine de blé T65
- 125 g de beurre salé froid coupé en dés
- 100 ml de lait

GARNITURE
- 200 g de courgettes
- 1 oignon jaune pelé
- 200 ml de crème liquide
- 2 œufs
- 12 feuilles de menthe fraîche ciselées
- 500 g de brousse
- 2 pincées de sel
- 2 pincées de poivre moulu

POUR	PRÉPARATION	CUISSON
6 PERSONNES	**10** MINUTES	**1 h 05** MINUTES AU FOUR
	1 h DE REPOS	**5** MINUTES AU COOK EXPERT

PROGRAMMES

PÂTE GÂTEAU — ROBOT — EXPERT

1. Installer le bol inox, mettre la farine, le beurre coupé en dés et le lait. Lancer le programme **PÂTE/GÂTEAU**.
2. Former une boule avec la pâte et la placer au frais 1 heure.
3. Préchauffer le four à 180 °C.
4. Étaler la pâte aux dimensions du moule utilisé, foncer le moule, piquer le fond avec une fourchette et enfourner pour 20 minutes.
5. Couper les courgettes en lanières avec un économe (ou émincées en programme **ROBOT**). Couper l'oignon en 8 quartiers.
6. Dans le bol inox propre, placer les lamelles de courgette et l'oignon. Lancer le programme **EXPERT** **, 5 minutes/vitesse 1A/120 °C**.
7. Ajouter la crème liquide, le sel, le poivre, la menthe et les œufs. Relancer le programme **EXPERT** **, 1 minutes/vitesse 2A (sans cuisson)**.
8. Verser la préparation sur le fond de tarte précuit, ajouter la brousse émiettée en gros morceaux, enfourner pour 45 minutes.
9. Servir chaud, tiède ou froid.

QUICHE
AUX POIREAUX

PÂTE

- 250 g de farine de blé T65
- 125 g de beurre salé froid coupé en dés
- 100 ml de lait

GARNITURE

- 400 g de poireaux
- 2 cuillerées à soupe d'huile d'olive
- 40 cl de crème d'avoine
- 2 œufs
- 2 cuillerées à soupe de graines de sésame
- 2 pincées de sel
- 2 pincées de poivre noir moulu

POUR	PRÉPARATION	CUISSON
6 PERSONNES	**10** MINUTES	**15** MINUTES AU COOK EXPERT
	1 h DE REPOS	**50** MINUTES AU FOUR

PROGRAMMES

PÂTE GÂTEAU

EXPERT

1. Installer le bol inox, mettre la farine, le beurre coupé en dés et le lait. Lancer le programme **PÂTE/GÂTEAU**.
2. Former une boule avec la pâte et la placer au frais pour 1 heure.
3. Préchauffer le four à 180 °C.
4. Étaler la pâte aux dimensions du moule utilisé, foncer le moule, piquer le fond avec une fourchette et enfourner pour 20 minutes.
5. Couper la partie vert foncé des poireaux. Les rincer, sécher et couper en tronçons de 1 cm.
6. Dans le bol inox propre, placer les morceaux de poireau et l'huile d'olive. Lancer le programme **EXPERT**, **15 minutes/vitesse 1A/120 °C**.
7. Ajouter la crème d'avoine, le sel, le poivre et les œufs. Relancer le programme **EXPERT**, **2 minutes/vitesse 2A (sans cuisson)**.
8. Verser la préparation sur le fond de tarte précuit, parsemer de graines de sésame et enfourner pour 30 minutes. Servir chaud, tiède ou froid.

CAKE
AU QUINOA

PÂTE
- 150 g de quinoa
- 250 ml d'eau
- 100 g d'olives dénoyautées (vertes/noires ou les 2)
- 25 ml d'huile d'olive
- 50 g de parmesan râpé
- 75 g de fécule de maïs
- 2 œufs
- 100 ml de lait
- 2 branches de thym effeuillées
- 1 pincée de sel
- 1 pincée de poivre moulu

POUR	PRÉPARATION	CUISSON
6 PERSONNES	**5** MINUTES	**15** MINUTES AU COOK EXPERT **45** MINUTES AU FOUR

PROGRAMME

EXPERT

1. Installer le bol inox, mettre le quinoa, le sel et l'eau et lancer le programme **EXPERT**, **15 minutes/vitesse 1A/110 °C**.
2. Préchauffer le four à 200 °C.
3. Ajouter dans le bol, les olives, l'huile d'olive, le parmesan, la fécule de maïs, la levure, les œufs, le lait, le thym et le poivre.
4. Lancer le programme **EXPERT**, **30 secondes/vitesse 12/(sans chauffer)**.
5. Verser la préparation dans un moule à cake chemisé de papier de cuisson. Enfourner pour 45 minutes. La lame d'un couteau doit ressortir sèche.
6. Servir chaud ou tiède.

PIZZA MAISON

SAUCE TOMATE

- 2 g de levure de boulanger
- 180 ml d'eau
- 350 g de farine de blé T45 (ou 00 en épiceries italiennes)
- 8 g de sel de mer fin

GARNITURE

- 100 g de coulis de tomates
- 250 g de tomates cerises
- 250 g de mozzarella
- 200 g de champignons de Paris coupés en tranches
- 1 cuillerée à soupe d'origan
- 4 cuillerées à soupe d'huile d'olive
- Sel et poivre du moulin

POUR	PRÉPARATION	CUISSON
4 PERSONNES	**10** MINUTES	**10** MINUTES
		5-6 h DE REPOS

PROGRAMME

PAIN BRIOCHE

1. Mettre l'eau et la levure émiettée dans le bol inox. Lancer le programme **PAIN/BRIOCHE**. À l'arrêt automatique, ajouter dans cet ordre la farine et le sel, puis lancer la fin du programme.
2. Mettre ensuite la pâte sur un plan de travail fariné, la couper en 2 et étaler chaque morceau en forme de disque avec la paume des mains. Placer chaque disque sur une plaque allant au four recouverte de papier de cuisson.
3. Préchauffer le four à 280 °C ou plus, à chaleur statique.
4. Étaler le coulis de tomates sur la surface, garnir de tranches de champignon de Paris et de mozzarella, saupoudrer d'origan. Saler, poivrer, arroser d'huile d'olive et enfourner pour 10 minutes (1 pizza après l'autre).
5. Ajouter des tomates cerises et des feuilles de basilic avant de servir.
6. On peut ajouter à la garniture des morceaux de jambon cru ou cuit, des morceaux de fromage de chèvre ou de bleu, des olives, de très fines tranches de légumes, des tranches d'oignons nouveaux. On peut aussi remplacer le coulis par de fines tranches de tomates fraîches ou par de la crème fraîche pour faire une pizza blanche.

BRIOCHE BUTCHY
AUX FRAMBOISES

POUR : **4 PERSONNES** PRÉPARATION : **15 MINUTES** REPOS : **2 H 30** CUISSON : **6 MINUTES AU COOK EXPERT + 30 MINUTES AU FOUR**
PROGRAMME : **PAIN/BRIOCHE**

BRIOCHE
- 1 œuf (50 g environ)
- 50 ml de lait entier
- 10 g de levure fraîche de boulanger
- 250 g de farine T65
- 30 g de sucre
- 100 g de crème épaisse (type crème d'Isigny)
- Sucre glace
- 1 pincée de sel

CRÈME PÂTISSIÈRE
- 250 ml de lait entier
- 10 g de beurre
- 3 jaunes d'œufs
- 25 g de fécule de maïs
- 50 g de sucre
- 1 gousse de vanille fendue, grattée
- 125 g de framboises fraîches

1. Peser l'œuf et ajouter le lait pour arriver à 100 g.
2. Pour faire la brioche, verser dans le bol inox le mélange lait/œufs et la levure émiettée. Lancer le programme **PAIN/BRIOCHE**. À l'arrêt automatique, ajouter dans cet ordre la farine, le sucre, la crème fraîche et le sel, puis lancer la fin du programme.

3 Placer la pâte dans un grand bol aux parois légèrement huilées, couvrir de film alimentaire et laisser reposer la pâte 1 h 30 environ à température ambiante ou en étuve. Elle doit doubler, voire tripler de volume.

4 Pendant ce temps, préparer la crème pâtissière. Rincer et sécher le bol inox, placer tous les ingrédients sauf les framboises dans le bol, lancer le programme **EXPERT**, **7 minutes/vitesse 4/ 95 °C**. Placer la crème dans un bol et couvrir d'un film alimentaire au contact de la crème. Laisser tiédir à température ambiante.

5 Appuyer doucement avec la paume des mains sur la pâte gonflée pour la dégazer. La placer sur un plan de travail fariné et l'étaler en un rectangle de 40 x 15 cm environ. Étaler la crème pâtissière à la surface et parsemer de framboises. Rouler en un boudin de 40 cm de long. Couper en 9 parts égales et placer délicatement les rouleaux dans un moule carré de 20 cm de côté (ou alors, couper en 8 parts et placer dans 2 moules à cake de 20 cm de long).

6 Couvrir de film alimentaire et laisser reposer encore 1 heure. Préchauffer le four à 150 °C. Enfourner pour 30 minutes.

7 Sortir du four et laisser tiédir dans le moule. Démouler, saupoudrer de sucre glace et laisser refroidir.

8 Conserver dans un récipient hermétique ou emballé dans du film alimentaire au réfrigérateur.

VIENNOISERIES
CANNEBERGES

PÂTE
- 250 g de farine T65
- 10 g de levure fraîche de boulanger émiettée
- 35 g de sucre en poudre
- 200 g de beurre salé
- 3 petits œufs (150 g d'œuf)

GARNITURE
- 45 g de beurre salé
- 300 g de ricotta
- 5 g de sucre glace
- 1 gousse de vanille
- 2 petits œufs
- 2 cuillerées à café de fécule de maïs
- 80 g de canneberges séchées

DORURE
- 1 œuf
- 125 ml d'eau
- 50 g de sucre en poudre

POUR
4 PERSONNES

PRÉPARATION
15 MINUTES
12 h DE REPOS

CUISSON
15 MINUTES AU FOUR

PROGRAMMES
PAIN/BRIOCHE
PÂTE GÂTEAU

1. Pour faire la pâte, placer dans le bol inox la levure, la farine et le sucre. Lancer le programme **PAIN/BRIOCHE**. À l'arrêt, ajouter le beurre coupé en morceaux et les œufs, puis lancer la fin du programme.

2. Mettre la pâte dans un bol légèrement huilé, couvrir de film alimentaire et laisser au réfrigérateur pendant 1 nuit (12 heures au minimum).

3. Dans le bol inox propre, mettre tous les ingrédients de la garniture. Lancer le programme **PÂTE/GÂTEAU**. Placer au frais.

4. Faire tomber la pâte sur un plan de travail fariné et appuyer doucement dessus pour dégazer la pâte. L'étaler avec un rouleau à pâtisserie en la farinant légèrement en un rectangle de 40 x 20 cm. Étaler dessus la préparation aux canneberges. Rouler la partie de 20 cm pour obtenir un pain enroulé. La placer sur une plaque couverte de papier de cuisson et couvrir d'un torchon dans une pièce chaude ou dans le four fonction étuve pendant 40 minutes.

6. Préchauffer le four à 170 °C. Couper le pain roulé en tranches de 2 cm (la consistance doit être assez molle). Les placer à plat et espacées sur une plaque couverte de papier de cuisson. Étaler de l'œuf battu sur les tranches. Enfourner pour 15 minutes.

7. Faire bouillir l'eau et le sucre de la dorure sur feu moyen dans une petite casserole pendant 5 minutes. En badigeonner les viennoiseries à la sortie du four et laisser refroidir.

TARTE
ABRICOT PISTACHE

PÂTE
- 250 g de farine
- 140 g de beurre
- 75 g de sucre glace
- 25 g de poudre d'amandes
- 1 pincée de sel
- 1 œuf

GARNITURE
- 600 g d'abricots mûrs dénoyautés
- 1 œuf
- 1 cuillerée à soupe de pâte de pistache
- 50 g de beurre mou
- 50 g de poudre d'amandes
- 35 g de sucre en poudre
- 20 g de pistaches mondées

POUR	PRÉPARATION	CUISSON
6 PERSONNES	**15** MINUTES	**30** MINUTES
	1 h DE REPOS	**30** MINUTES AU FOUR

PROGRAMME

PÂTE/GÂTEAU

1. Mettre tous les ingrédients de la pâte dans le bol inox. Lancer le programme **PÂTE/GÂTEAU**.
2. Amalgamer rapidement la pâte pour former une boule et la placer entre 2 feuilles de papier de cuisson.
3. Étaler selon la forme du moule en laissant 1 cm de marge sur les bords. Placer au réfrigérateur 1 heure au minimum. Couper les abricots en 2 oreillons.
4. Préchauffer le four à 180 °C. Foncer un moule à tarte en laissant la feuille de papier de cuisson du dessus. Piquer le fond avec une fourchette.
5. Mettre l'œuf, la pâte de pistache, le beurre coupé en morceaux, la poudre d'amandes et le sucre en poudre dans le bol inox. Lancer le programme **PÂTE/GÂTEAU**.
6. Verser la préparation sur le fond de tarte, disposer les oreillons d'abricots. Enfourner pour 30 minutes.
7. Parsemer de pistaches mondées hachées, laisser refroidir à température ambiante puis au réfrigérateur.

TARTE
CASSIS

PÂTE
- 250 g de farine
- 125 g de beurre salé
- 100 ml de lait

GARNITURE
- 500 g de cassis frais ou surgelés
- 100 g de sucre en poudre
- 2 cuillerées à soupe de fécule de pomme de terre

POUR
6 PERSONNES

PRÉPARATION
10 MINUTES
1 h DE REPOS

CUISSON
35 MINUTES AU FOUR

PROGRAMME

1. Mettre tous les ingrédients de la pâte dans le bol inox. Lancer le programme **PÂTE/GÂTEAU**.
2. Amalgamer rapidement la pâte pour former une boule et la placer au frais recouverte de film alimentaire pendant 1 heure au minimum. Séparer la pâte en 2 morceaux égaux.
3. Étaler un morceau en un disque de 22 cm de diamètre, foncer un moule à tarte de 20 cm environ et piquer le fond avec les dents d'une fourchette.
4. Préchauffer le four à 180 °C.
5. Mélanger les cassis avec le sucre et la fécule de pomme de terre sans écraser les grains. Étaler la préparation sur le fond de tarte. Étaler le deuxième morceau de pâte en un rectangle de 2 mm d'épaisseur.
6. Couper des bandelettes de 1 cm de large et les ranger en quadrillage sur la préparation aux myrtilles en les soudant bien avec les bords du fond de tarte. Enfourner pour 35 minutes.
7. Servir tiède ou froid avec de la crème épaisse.

TARTE
CITRON MERINGUÉE

PÂTE
- 250 g de farine
- 140 g de beurre
- 75 g de sucre glace
- 25 g de poudre d'amandes
- 1 pincée de sel
- 1 œuf

GARNITURE
- 3 jaunes d'œufs
- 400 g de lait concentré sucré
- 150 ml de jus de citron (jaune ou vert)
- Le zeste de 1 citron (jaune ou vert)

MERINGUE
- 2 blancs d'œufs
- 80 g d'eau
- 250 g de sucre

POUR	PRÉPARATION	CUISSON
8 PERSONNES	20 MINUTES / 1 h DE REPOS	45 MINUTES AU FOUR

PROGRAMMES

PÂTE GÂTEAU — BLANCS EN NEIGE

1. Mettre tous les ingrédients de la pâte dans le bol inox. Lancer le programme **PÂTE/GÂTEAU**.
2. Amalgamer rapidement la pâte pour former une boule et la placer entre 2 feuilles de papier de cuisson. Étaler en un disque de 28 cm de diamètre. Placer au réfrigérateur au minimum 1 heure.
3. Préchauffer le four à 180 °C. Foncer un moule à tarte de 26 cm de diamètre en gardant les feuilles de cuisson. Couvrir de légumes secs et enfourner pour 35 minutes.
4. Pour la garniture, mettre les jaunes d'œufs, le lait concentré, le jus et le zeste de citron dans le bol inox. Lancer le programme **PÂTE/GÂTEAU**, **15 secondes.**
5. Enlever les légumes secs, retirer la feuille de cuisson du dessus et verser la garniture au citron. Enfourner pour 10 minutes. Laisser refroidir à température ambiante et placer au réfrigérateur.
6. Dans le bol inox propre et sec, installer le batteur à blancs d'œufs avec les 2 blancs d'œufs pour réaliser la meringue. Faire chauffer l'eau et le sucre dans une petite casserole sur feu doux. Lorsque le sirop au sucre commence à faire de petites bulles qui éclatent en surface, lancer le programme **BLANCS EN NEIGE** en retirant le bouchon. Au bout de 1 minute, verser le sirop de sucre en mince filet dans le bol pendant le fonctionnement. Laisser finir le programme puis le lancer une seconde fois.
7. Étaler la meringue obtenue sur la tarte, colorer au chalumeau ou en passant sous le gril du four jusqu'à obtenir une couleur rousse par endroits. Servir frais.

PUMPKIN
PIE

PÂTE
- 215 g de farine T65
- 130 g de beurre salé
- 65 ml d'eau froide
- 1 petit œuf battu

GARNITURE
- 500 g de potiron épluché
- 170 g de sucre complet (à défaut de la cassonade)
- 140 g de crème épaisse
- 1 cuillerée à café de cannelle
- 2 pincées de noix de muscade moulue
- 1 cuillerée à café de gingembre en poudre
- 2 œufs

POUR	PRÉPARATION	CUISSON
6-8 PERSONNES	**15** MINUTES **1 h** DE REPOS	**20** MINUTES AU COOK EXPERT **1 h 55** AU FOUR

PROGRAMMES

PÂTE GÂTEAU — VAPEUR — EXPERT

1. Pour faire la pâte, mettre la farine, le beurre coupé en morceaux et l'eau froide dans le bol inox. Lancer le programme **PÂTE/GÂTEAU** **pendant 30 secondes**.
2. Former une boule avec les mains sans trop travailler la pâte. Couvrir de film alimentaire, placer au frais 1 heure. Rincer le bol inox.
3. Couper le potiron en dés de 3 cm de côté. Placer le bol inox avec 500 ml d'eau, placer le panier vapeur et y mettre les cubes de potiron. Lancer le programme **VAPEUR**, **20 minutes**.
4. Vider le bol, mettre les cubes de potiron cuits, ajouter le sucre complet, la crème épaisse, la cannelle, la muscade et le gingembre.
5. Lancer le programme **EXPERT**, **3 minutes/vitesse 6 (sans cuisson)**. Ajouter les œufs 1 à 1 par l'ouverture pendant que le programme fonctionne. Placer la préparation au frais.
6. Préchauffer le four à 160 °C. Sortir la pâte et l'étaler en un disque de 30 cm. Beurrer et fariner un moule de 26 cm, foncer le moule et piquer la pâte avec une fourchette (ou couvrir de papier de cuisson et lester avec des légumes secs. Enfourner pour 30 minutes.
7. Sortir la pâte du four, la badigeonner d'œufs battus. Replacer au four pour 5 minutes.
8. Sortir du four et verser la préparation au potiron. Enfourner pour 1 h 20.
9. Laisser refroidir à température ambiante. Servir avec de la crème épaisse.

TARTE
FRAISE COCO

PÂTE
- 240 g de biscuits palets bretons
- 60 g d'huile de coco
- Le zeste de ½ citron vert

GARNITURE
- 400 ml de crème fleurette très froide
- Le zeste de ½ citron vert
- 3 cuillerées à soupe de sucre glace
- 500 g de fraises
- 2 cuillerées à soupe de noix de coco râpée

POUR	PRÉPARATION	CUISSON
6 PERSONNES	15 MINUTES 30 MINUTES DE REPOS	0

PROGRAMMES

ROBOT

BLANCS EN NEIGE

1. Mettre les ingrédients de la pâte dans le bol transparent avec le couteau métal. **Mixer 1 minute** pour obtenir une consistance bien sableuse. Étaler la pâte en la pressant au fond d'un moule à tarte de 30 cm de diamètre couvert de papier cuisson. Placer 30 minutes au congélateur.

2. Installer le bol inox avec le batteur à blancs. Verser le lait de coco et lancer le programme **BLANCS EN NEIGE**. Verser 2 cuillerées à soupe de sucre glace et les 2 cuillerées à soupe de noix de coco râpée petit à petit par l'ouverture pendant le fonctionnement.

3. Couper les fraises rincées et séchées en 2.

4. Sortir le moule du congélateur, démouler le fond de tarte et le placer sur une grande assiette.

5. Verser la chantilly de crème fleurette dessus, décorer avec les fraises, parsemer de zeste de citron vert et saupoudrer du reste de sucre glace avant de servir immédiatement.

TARTE
NOIX DE PÉCAN

PÂTE
- 250 g de farine
- 140 g de beurre
- 75 g de sucre glace
- 25 g de poudre d'amandes
- 1 pincée de sel
- 1 œuf

GARNITURE
- 125 g de beurre salé
- 75 g de sucre en poudre
- 2 cuillerées à soupe de miel
- 3 cuillerées à soupe de crème liquide
- 200 g de noix de pécan

POUR	PRÉPARATION	CUISSON
8 PERSONNES	**10** MINUTES	**5** MINUTES AU COOK EXPERT
	1 h DE REPOS	**40** MINUTES AU FOUR

PROGRAMMES

PÂTE GÂTEAU

EXPERT

1. Mettre tous les ingrédients de la pâte dans le bol inox. Lancer le programme **PÂTE/GÂTEAU**. Amalgamer rapidement la pâte pour former une boule et la placer entre 2 feuilles de papier de cuisson.

2. Étaler la pâte en un disque de 32 cm de diamètre. Placer au réfrigérateur 1 heure au minimum.

3. Préchauffer le four à 180 °C. Foncer un moule à tarte de 30 cm de diamètre en gardant les feuilles de cuisson. Couvrir de légumes secs (haricots, pois chiches) pour lester la pâte afin qu'elle ne gonfle pas à la cuisson. Enfourner pour 20 minutes.

4. Mettre le beurre salé coupé en morceaux, le sucre en poudre, le miel et la crème liquide dans le bol inox. Lancer le programme **EXPERT**, **5 minutes/vitesse 3/95 °C**.

5. Enlever les légumes secs et retirer délicatement la feuille de cuisson sur le dessus de la pâte. Étaler les noix de pécan sur la pâte précuite et verser la préparation dessus.

6. Enfourner à nouveau pour 20 minutes.

7. Laisser refroidir à température ambiante avant de démouler.

TARTE CRUMBLE
POMME POIRE

- 400 g de pommes (golden, reinette)
- 400 g de poires (william, conférence)
- 50 g de beurre
- 1 cuillerée à café de cannelle en poudre
- Crème épaisse pour servir

PÂTE BRISÉE SUCRÉE
- 250 g de farine
- 125 g de beurre salé froid coupé en morceaux
- 50 ml de lait
- 50 g de sucre

CRUMBLE
- 50 g de beurre salé
- 100 g de farine
- 50 g de sucre
- 50 g de poudre d'amandes
- 25 g de graines de sésame

POUR
6 PERSONNES

PRÉPARATION
15 MINUTES

CUISSON
30 MINUTES AU COOK EXPERT
1 h 05 AU FOUR

PROGRAMMES
PÂTE GÂTEAU
EXPERT

1. Mettre tous les ingrédients de la pâte brisée sucrée dans le bol inox. Lancer le programme **PÂTE/GÂTEAU**. Verser la préparation dans un bol, amalgamer pour former une boule et placer au réfrigérateur recouvert d'un film alimentaire.
2. Replacer le bol inox, mettre tous ingrédients de la pâte à crumble. Lancer le programme **PÂTE/GÂTEAU**, **30 secondes**. Vider la préparation dans un bol en la laissant en morceaux et placer au réfrigérateur recouvert d'un film alimentaire.
3. Peler les pommes et les poires, les couper en quartiers, retirer les pépins puis couper chaque quartier en 2 ou 3 selon la grosseur.
4. Rincer le bol inox, ajouter les 50 g de beurre, les pommes et les poires coupées en morceaux et la cannelle.
5. Lancer le programme **EXPERT**, **30 minutes/vitesse 1A/100 °C**.
6. Pendant ce temps, préchauffer le four à 170 °C.
7. Sortir la pâte brisée, l'étaler en un disque de 30 cm de diamètre environ et foncer un moule à tarte de 26 cm. Rabattre les bords pour former une belle croûte. Piquer le fond à la fourchette et enfourner pour 20 minutes.
8. Ajouter les fruits cuits, sortir le crumble et en parsemer les fruits en l'effritant, replacer au four pour 45 minutes.
9. Servir avec de la crème épaisse.

QUICHES
EXPRESS

POUR : **4 PERSONNES** | PRÉPARATION : **5 MINUTES**
PROGRAMMES : **PÂTE/GÂTEAU/EXPERT** | REPOS : **1 HEURE**

BASE DE LA PÂTE BRISÉE

- 250 g de farine T65
- 125 g de beurre salé
- 100 ml de lait

Mettre tous les ingrédients dans le bol inox, lancer le programme **PÂTE/GÂTEAU**.
Former une boule avec les mains, étaler sur du papier de cuisson aux dimensions du moule, foncer le moule et laisser reposer 30 minutes au réfrigérateur.

APPAREIL DE BASE

- 2 œufs
- 400 ml de crème
- 2 pincées de sel
- 2 pincées de poivre

VERSION 1 : LARDONS OIGNONS
Ajouter aux ingrédients de l'appareil de base 150 g de lardons, 1 oignon jaune coupé en 8.
Mettre les oignons et les lardons dans le bol inox, lancer le programme **EXPERT**, **5 minutes/vitesse 1A/140 °C**.
Ajouter le reste des ingrédients, relancer le programme **EXPERT**, **1 minute/vitesse 3 (sans cuisson)**.
Verser l'appareil sur le fond de tarte. Enfourner pour 45 minutes à 180 °C.

VERSION 2 : CHORIZO TOMATE
Ajouter aux ingrédients de l'appareil de base 150 g de rondelles de chorizo et 150 g de tomates cerises.
Mettre les rondelles de chorizo dans le bol inox, lancer le programme **EXPERT**, **3 minutes/vitesse 1A/140 °C**.
Ajouter le reste des ingrédients sauf les tomates, relancer le programme **EXPERT**, **1 minute/vitesse 3 (sans cuisson)**. Verser l'appareil sur le fond de tarte.
Ajouter les tomates cerises entières. Enfourner pour 45 minutes à 180 °C.

VERSION 3 : PETITS POIS CHÈVRE
Ajouter aux ingrédients : 150 g de petits pois surgelés, 200 g de fromage de chèvre frais, 1 cuillerée à café de thym séché. Mettre les ingrédients de l'appareil de base, les petits pois et le thym dans le bol inox.
Lancer le programme **EXPERT**, **1 minute/vitesse 3 (sans cuisson)**. Verser l'appareil sur le fond de tarte, ajouter le fromage de chèvre émietté. Enfourner pour 45 minutes à 180 °C.

VERSION 4 : COURGETTES CAROTTES
Ajouter aux ingrédients 1 courgette de 150 g, 200 g de carottes coupées en lamelles avec un économe et 2 échalotes coupées en 8. Mettre les ingrédients de l'appareil de base et les échalotes dans le bol inox. Lancer le programme **EXPERT**, **1 minute/vitesse 3 (sans cuisson)**. Verser l'appareil sur le fond de tarte, ajouter les lamelles de courgette et les carottes en les disposant en spirale. Enfourner pour 45 minutes à 180 °C.

Desserts

COMPOTE
FRAISE RHUBARBE

- 500 g de rhubarbe
- 500 g de fraises
- 150 g de sucre

POUR	PRÉPARATION	CUISSON
6 PERSONNES	**5** MINUTES **12-24 h** DE REPOS	**30** MINUTES AU COOK EXPERT

PROGRAMME

SOUPE MOULINÉE

1. Laver des tiges de rhubarbe et couper les bouts abîmés. Couper en tronçons de 4 à 5 cm.
2. Placer dans un saladier ou un plat et saupoudrer de sucre. Mélanger et laisser macérer au frais à couvert pendant 12 à 24 h.
3. Le lendemain, placer la rhubarbe et son jus dans le bol. Rincer les fraises et couper les queues, ajouter les fraises dans le bol. Lancer le programme **SOUPE MOULINÉE**, **30 minutes/100 °C**.
4. Verser dans un bol et laisser refroidir à température ambiante.
5. Se déguste tiède ou froid.

COOKIES
CACAHUÈTES CHOCOLAT

- 65 g de beurre salé
- 65 g de pâte d'arachide
- 125 g de sucre
- 1 œuf
- 200 g de farine de blé T65
- 1 cuillerée à café d'extrait de vanille
- ½ sachet de levure chimique
- 75 g de pépites de chocolat
- 100 g de cacahuètes grillées

POUR	PRÉPARATION	CUISSON
16 COOKIES ENVIRON	**5** MINUTES	**15** MINUTES AU FOUR

PROGRAMME

PÂTE GÂTEAU

1. Préchauffer le four à 140 °C.
2. Placer le beurre, la pâte d'arachide et le sucre dans le bol inox. Lancer le programme **PÂTE/GÂTEAU**, **vitesse 4**.
3. Rabattre, ajouter le reste des ingrédients et relancer le programme **PÂTE/GÂTEAU**. Vider la pâte dans un grand bol et finir de l'amalgamer avec les mains, sans trop la travailler.
4. Prélever des boules de pâte à l'aide d'une cuillère à glace (faire des boules grosses comme des œufs) et les placer sur une plaque couverte de papier de cuisson.
5. Enfourner pour 15 minutes. À la sortie du four, les écraser à plat sur 1 cm d'épaisseur à l'aide d'une spatule, les laisser tiédir et ranger immédiatement dans une boîte hermétique pour que les cookies conservent leur moelleux.

GÂTEAU
CHOCOLAT MARRON

- 3 œufs
- 200 g de chocolat noir pâtissier
- 75 g de beurre
- 500 g de crème de marrons
- 1 cuillerée à soupe de farine

GLAÇAGE
- 100 g de chocolat noir pâtissier
- 100 ml de crème liquide

POUR	PRÉPARATION	CUISSON
6 PERSONNES	**5** MINUTES	**8** MINUTES AU COOK EXPERT **30** MINUTES AU FOUR

PROGRAMMES

BLANCS EN NEIGE — EXPERT — PÂTE GÂTEAU

1. Préchauffer le four chaleur tournante à 180 °C.
2. Placer les blancs d'œufs dans le bol inox avec le batteur à blancs. Lancer le programme **BLANCS EN NEIGE**. Réserver les blancs montés dans un bol. Rincer le bol à l'eau, retirer le batteur et remettre le bol sur le robot.
3. Mettre le chocolat cassé en morceaux et le beurre dans le bol inox. Lancer le programme **EXPERT**, **4 minutes / vitesse 3 / 60 °C**.
4. Ajouter la crème de marrons, la farine et les jaunes d'œufs. Lancer le programme **PÂTE/GÂTEAU**.
5. Remettre le batteur à blancs et ajouter les blancs en neige. Lancer le programme **BLANCS EN NEIGE** **30 secondes / vitesse 7.**
6. Beurrer et fariner un moule à gâteau (22 cm diamètre environ), remplir de l'appareil à gâteau et enfourner pour 30 minutes.
7. Laisser tiédir avant de démouler en renversant sur une grille ou une assiette et laisser refroidir. Pour le glaçage, placer dans le bol inox propre, le chocolat cassé en morceaux et la crème liquide.
8. Lancer le programme **EXPERT**, **4 minutes / vitesse 3 / 60 °C**. Verser le glaçage et l'étaler sur le dessus du gâteau. Laisser refroidir à température ambiante avant de servir.

SWIRL BREAD
BANANE CANNELLE

PÂTE
- 100 ml de lait entier
- 14 g de levure fraîche de boulanger
- 50 g de farine de sarrasin
- 290 g de farine d'épeautre T65
- 8 g de sel
- 20 g de sucre
- 2 œufs battus
- 60 g de beurre

GARNITURE
- 40 g de beurre salé
- 30 g de cassonade
- 2 cuillerées à café de cannelle
- 1 banane épluchée, finement tranchée
- 1 jaune d'œuf pour dorer
- 1 cuillerée à soupe de cassonade

POUR	PRÉPARATION	CUISSON
4 PERSONNES	15 MINUTES 3 h DE REPOS	1 MINUTE AU COOK EXPERT 25 MINUTES AU FOUR

PROGRAMME

PAIN/BRIOCHE

1. Dans le bol inox, placer le lait et la levure boulangère émiettée. Lancer le programme **PAIN/BRIOCHE**. À l'arrêt automatique, ajouter dans cet ordre les farines, le sucre et le sel, puis lancer la fin du programme.

2. Ajouter les œufs. Relancer le programme **PAIN/BRIOCHE**. À l'arrêt automatique, ajouter le beurre coupé en morceaux, puis lancer la fin du programme.

3. Mettre la pâte dans un grand bol, recouvrir de film alimentaire. Laisser la pâte lever pendant 1 h 30 dans un endroit tiède (ou dans le four sur fonction étuve). La pâte doit doubler de volume.

4. Faire tomber la pâte sur un plan de travail fariné et appuyer doucement avec la paume des mains pour dégazer la pâte. L'étaler avec un rouleau à pâtisserie en la farinant légèrement en un rectangle de 40 x 20 cm.

5. Mélanger ensuite le beurre salé, la cassonade et la cannelle dans un bol. Étaler sur la pâte puis poser dessus de fines tranches de banane. Rouler la partie de 20 cm pour obtenir un pain enroulé et le placer dans un moule à cake beurré et fariné. Couvrir de film alimentaire et laisser reposer encore 1 h 30.

6. Préchauffer le four à 170 °C à chaleur tournante.

7. Battre le jaune d'œuf et l'étaler au pinceau sur la surface de la brioche, saupoudrer de cassonade.Enfourner pour 25 minutes. Dès que l'on peut toucher le moule sans se brûler, démouler et laisser refroidir sur une grille.

OPINEL
OPINEL

GÂTEAU
AVOCAT CHOCOLAT

- 200 g de chocolat noir pâtissier
- 150 g de chair d'avocat
- 100 g de cassonade
- 2 œufs
- 50 g de fécule de maïs
- 50 g de poudre d'amandes
- 1 cuillerée à café de levure

POUR	PRÉPARATION	CUISSON
6 PERSONNES	**5** MINUTES	**4** MINUTES AU COOK EXPERT **25** MINUTES AU FOUR

PROGRAMMES

EXPERT

PÂTE GÂTEAU

1. Placer le chocolat cassé en morceaux dans le bol inox. Lancer le programme **EXPERT**, **4 minutes/1A/60 °C**.
2. Préchauffer le four à chaleur tournante à 160 °C.
3. Ajouter le reste des ingrédients et lancer le programme **PÂTE/GÂTEAU**.
4. Verser l'appareil dans un moule de 20 cm de diamètre beurré et fariné et enfourner pour 25 minutes.
5. Laisser refroidir avant de démouler.

PANCAKES VEGAN
À LA BANANE

- 1 banane (150 g)
- 150 g de tofu soyeux
- 50 g de sucre non raffiné
- 130 g de farine d'épeautre T65
- ½ sachet de levure chimique
- 2 cuillerées à soupe d'huile de coco
- 150 g de myrtilles
- Sirop d'érable pour servir

POUR	PRÉPARATION	CUISSON
2 PERSONNES	5 MINUTES	20 MINUTES À LA POÊLE

PROGRAMME

PÂTE GÂTEAU

1. Mettre tous les ingrédients sauf les myrtilles dans le bol inox. Lancer le programme **PÂTE/GÂTEAU**.
2. Faire chauffer une poêle antiadhésive sur feu moyen, verser une louche de pâte, ajouter quelques myrtilles et laisser cuire 2 minutes environ. Retourner avec une spatule et laisser cuire encore 1 minute.
3. Mettre sur une assiette et préparer les autres pancakes de la même façon.
4. Servir avec du sirop d'érable.

US
Grade A
Amber
Rich Taste
Benton's
SHACK
GRADE A
MAPLE SYRUP
HALF PINT • 236 mL

CAKE
À LA BETTERAVE

- 250 g de betterave crue pelée
- 150 g de sucre
- 1 sachet de sucre vanillé
- 175 g de farine T65
- 1 sachet de levure chimique
- 1 cuillerée à café de cannelle
- 100 g de beurre salé mou
- 100 g de noix grossièrement hachées
- 4 œufs

GLAÇAGE
- 150 g de fromage frais type Philadelphia®
- 50 g de beurre mou
- 2 cuillerées à soupe de fleur d'oranger
- 50 g de sucre glace

POUR
6 PERSONNES

PRÉPARATION
10 MINUTES

CUISSON
45 MINUTES AU FOUR
3 h DE REPOS

PROGRAMMES
PÂTE GÂTEAU
ROBOT

ACCESSOIRE
R2
DISQUE RÂPEUR 2 MM

1. Préchauffer le four à 180 °C.
2. Installer le midi bol avec le disque râpeur 2 mm en programme **ROBOT**. Râper la betterave, réserver et nettoyer le bol.
3. Installer ensuite le bol inox, mettre la betterave râpée, le sucre, le sucre vanillé, la farine, la levure, la cannelle, le beurre et les noix. Lancer le programme **PÂTE/GÂTEAU**.
4. Verser les œufs un à un par l'ouverture pendant le fonctionnement du programme.
5. Beurrer et fariner un moule à cake, verser la préparation et enfourner pour 45 minutes.
6. Pour le glaçage, installer le bol transparent du robot avec le couteau métal, ajouter le fromage frais, le beurre mou, la fleur d'oranger et le sucre glace. **Mixer au robot pendant 30 secondes** jusqu'à obtenir une consistance lisse.
7. Placer au frais.
8. Sortir le cake et laisser refroidir à température ambiante avant de démouler.
9. Étaler le glaçage sur le dessus du gâteau. Replacer 2 heures au frais avant de servir.

CARROT
CAKE

GÉNOISE
- 200 g de carottes
- 200 g de farine
- 1 cuillerée à café rase de levure chimique
- 2 cuillerées à café rases de bicarbonate de soude
- 200 g de sucre
- 65 g de sucre muscovado
- 2 cuillerées à café rases de cannelle
- 1 pincée de muscade en poudre
- 1 pincée de poudre de clous de girofle
- 3 petits œufs
- 160 g d'huile neutre (tournesol, pépins de raisin..)
- 1 cuillerée à café de sel

GLAÇAGE
- 300 g de fromage frais Philadelphia®
- 140 g de beurre mou en morceaux
- 180 g de sucre glace

POUR 12 PERSONNES

PRÉPARATION 20 MINUTES

CUISSON 45 MINUTES AU FOUR

14 h DE REPOS AU MINIMUM

PROGRAMMES

PÂTE GÂTEAU

ROBOT

ACCESSOIRE

R2 DISQUE RÂPEUR 2 MM

1. Laver les carottes. Installer le midi bol avec le disque râpeur 2 mm. **Râper les carottes**.

2. Pour la génoise, installer le bol inox, ajouter la farine, la levure, le bicarbonate, les sucres, la cannelle, la muscade, la poudre de clous de girofle, le sel et les carottes râpées. Lancer le programme **PÂTE/ GÂTEAU**. Au bout de 10 secondes, ajouter l'huile par l'ouverture puis les œufs un par un. Arrêter le programme 30 secondes avant la fin si tout n'est pas bien mélangé, rabattre et relancer la fin du programme.

3. Préchauffer le four à 170 °C. Beurrer et fariner un moule à manqué de 20 cm de diamètre et de 8 cm de hauteur, puis verser la pâte dans le moule et enfourner pour 45 minutes. Une pointe de couteau plantée au cœur doit en ressortir sèche. Laisser refroidir le gâteau dans le four éteint et fermé.

4. Pour le glaçage, installer le bol inox avec le batteur à blancs. Ajouter le fromage frais, le beurre mou et le sucre glace. Lancer le programme **EXPERT**, **1 minute/vitesse 5/sans cuisson**. La consistance doit être lisse. Placer au frais en attendant de glacer le gâteau.

5. Couper le gâteau en 3 disques avec un couteau à pain, étaler du glaçage entre les couches puis sur le dessus du gâteau. Placer au frais 12 heures au minimum avant de déguster.

6. On peut le saupoudrer de cannelle avant de servir.

PAVLOVA
AUX GROSEILLES

- 3 blancs d'œufs
- 100 g de sucre en poudre
- 10 gouttes de jus de citron
- 100 g de sucre glace
- 300 ml de crème fleurette bien froide (min. 30 % de matière grasse)
- 1 cuillerée à soupe de sucre glace
- 1 cuillerée à soupe de confiture de groseilles
- 125 g de groseilles fraîches

POUR	PRÉPARATION	CUISSON
6 PERSONNES	**10** MINUTES	**1 h 15** AU FOUR

PROGRAMME

BLANCS EN NEIGE

1. Préchauffer le four à 100 °C.

2. Installer le bol inox avec le batteur à blancs. Ajouter les blancs d'œufs et lancer le programme **BLANCS EN NEIGE**. Verser au début du programme 1 cuillerée à soupe de sucre en poudre par l'ouverture pendant le fonctionnement.

3. Ajouter le reste du sucre cuillerée par cuillerée, petit à petit, durant les 5 minutes du programme. Ajouter le jus de citron et le sucre glace, relancer le programme **BLANCS EN NEIGE**.

4. Couvrir une plaque allant au four de papier de cuisson, étaler la meringue dessus en un disque de 5 à 6 cm d'épaisseur. Enfourner pour 1 h 15. Faire glisser le papier sur une grille et laisser refroidir à température ambiante.

5. Rincer et sécher le bol inox et le batteur à blancs. Installer à nouveau les 2 éléments et verser la crème fleurette. Lancer le programme **BLANCS EN NEIGE pour 4 minutes**. Verser au fur et à mesure par l'ouverture la cuillerée de sucre glace pour obtenir une chantilly ferme.

6. Étaler la chantilly sur la meringue refroidie, ajouter la confiture de groseilles et mélanger légèrement. Ajouter les groseilles fraîches et servir.

GÂTEAU À L'ORANGE SANS FARINE

- 2 oranges à jus (350 g environ)
- 250 ml d'eau
- 250 g de poudre d'amandes
- 160 g de sucre complet (muscovado) ou de cassonade
- 4 œufs
- 100 ml de crème liquide
- 100 g de chocolat noir pâtissier

POUR	PRÉPARATION	CUISSON
6 PERSONNES	10 MINUTES	45 MINUTES AU COOK EXPERT
		45 MINUTES AU FOUR
		2 h DE REPOS

PROGRAMME

EXPERT

1. Laver les oranges, retirer le pédoncule et les couper en 4 (sans les éplucher ni les épépiner).
Les placer dans le bol inox avec l'eau. Lancer le programme **EXPERT**, **45 minutes/vitesse 1A/100 °C**.
2. Préchauffer le four à 180 °C.
3. Lorsque le programme est terminé, ajouter la poudre d'amandes, le sucre et les œufs. Lancer le programme **EXPERT**, **30 minutes/vitesse 18/0 °C** pour obtenir une consistance homogène. Relancer 5 à 10 secondes si nécessaire.
4. Verser le mélange dans un moule à manqué de 22 cm environ, beurré ou recouvert au fond d'un papier de cuisson. Enfourner pour 45 minutes. Laisser le gâteau refroidir dans le moule.
5. Nettoyer le bol inox et y placer la crème liquide. Lancer le programme **EXPERT**, **1 minute/vitesse 0/120 °C**. À la fin du programme, ajouter le chocolat cassé en morceaux, remettre le couvercle et attendre 10 minutes. Relancer le programme **EXPERT**, **2 minutes/vitesse 3 (sans cuisson)**.
6. Démouler le gâteau sur une grande assiette, napper de glaçage au chocolat.
7. Laisser refroidir 2 heures au minimum à température ambiante avant de servir.

CLAFOUTIS AUX CERISES

- 750 g de cerises lavées, équeutées, avec leur noyau
- 500 ml de lait tiède
- 150 g de farine
- 3 œufs
- 75 g de sucre
- 1 sachet de sucre vanillé
- 1 pincée de sel

POUR	PRÉPARATION	CUISSON
4 PERSONNES		**45** MINUTES AU FOUR

PROGRAMME

PÂTE GÂTEAU

1. Préchauffer le four à 180 °C.
2. Mettre le lait, la farine, les œufs, le sucre, le sucre vanillé et le sel dans le bol inox. Lancer le programme **PÂTE/GÂTEAU**.
3. Beurrer un moule à manqué de 26 cm. Mettre les cerises dans le moule, verser la préparation par-dessus. Enfourner pour 45 minutes. Laisser refroidir à température ambiante.
4. Servir tiède ou froid.

CRÈME GLACÉE
À LA PÊCHE

- 350 g de morceaux de pêche surgelé
- 50 g de sucre glace
- 150 g de crème épaisse

POUR	PRÉPARATION	CUISSON
4 PERSONNES	5 MINUTES	0

PROGRAMME

DESSERT GLACÉ

1. Sortir les fruits du congélateur 10 minutes avant de réaliser la crème glacée (les couper en dés de 1 cm). Mettre tous les ingrédients dans le bol inox. Lancer le programme **DESSERT GLACÉ**.
2. Servir aussitôt ou placer au congélateur avant de servir.

CAFÉ FRAPPÉ
AU LAIT DE COCO

- 100 ml de café expresso
- 20 g de sucre
- 200 ml de lait de coco
- 250 g de glaçons

POUR	PRÉPARATION	CUISSON
2 PERSONNES	5 MINUTES	0

PROGRAMME

SMOOTHIE

1. Mettre tous les ingrédients dans le bol inox. Lancer le programme **SMOOTHIE**.
2. Servir aussitôt.

TIRAMISU

- 5 œufs
- 1 pincée de sel
- 70 g de sucre en poudre
- 35 ml d'eau
- 500 g de mascarpone
- 300 ml de café fort
- 1 cuillerée à soupe d'amaretto
- 24 à 30 biscuits à la cuiller ou boudoirs
- 1 cuillerée à soupe de cacao en poudre pour servir

POUR	PRÉPARATION	CUISSON
6 PERSONNES	**25** MINUTES / **6 h** DE REPOS	**10** MINUTES À LA CASSEROLE

PROGRAMME

BLANCS EN NEIGE

1. Casser les œufs, séparer les blancs des jaunes.
2. Mettre les blancs et la pincée de sel dans le bol inox avec le batteur à blancs, installer le couvercle sans bouchon.
3. Mettre le sucre en poudre et l'eau dans une petite casserole, faire chauffer à feu doux, jusqu'à ce que le mélange commence à faire de grosses bulles qui éclatent à la surface.
4. Lancer le programme **BLANCS EN NEIGE**. Verser la moitié du sirop de sucre en filet par l'ouverture pendant le fonctionnement du programme. Débarrasser le bol des blancs montés dans un grand bol.
5. Mettre les jaunes dans le bol inox, remettre le batteur à blancs, relancer le programme **BLANCS EN NEIGE** et verser le reste du sirop de sucre par l'ouverture pendant le fonctionnement.
6. Après 2 min 30 à 3 minutes, ajouter le mascarpone par l'ouverture et laisser finir le programme. Verser le mélange sur les blancs en neige et mélanger délicatement.
7. Mélanger le café et l'amaretto dans un bol, tremper légèrement 12 biscuits avant de les mettre au fond d'un plat à bords hauts. Couvrir de la moitié du mélange au mascarpone, tremper les biscuits restants, les ranger sur la crème, étaler le reste de crème dessus.
8. Placer au frais 6 heures au minimum. Saupoudrer de cacao en poudre avant de servir.

RIZ
AU LAIT

- 1 l de lait entier
- 150 g de riz blanc rond spécial dessert
- 100 g de sucre en poudre
- Le zeste râpé de 1 citron bio

POUR	PRÉPARATION	CUISSON
6 PERSONNES	**5** MINUTES	**45** MINUTES AU COOK EXPERT

PROGRAMME

EXPERT

1. Mettre tous les ingrédients dans le bol inox.
Lancer le programme **EXPERT**, **45 minutes/vitesse 1A/100 °C** sans le bouchon.
2. Laisser refroidir à température ambiante en remettant le bouchon.
3. Verser dans un bol et placer au réfrigérateur.

CHOCOLAT

& ENERGY BALL AUX DATTES

POUR : **8 À 16 BOULES SELON LA GROSSEUR** | PRÉPARATION : **10 MINUTES**
CUISSON : **0** | PROGRAMME : **ROBOT**

ENERGY BALL AUX DATTES

- 20 g de noisettes
- 20 g de noix de cajou
- 200 g de dattes medjoul dénoyautées
- 20 g de mélange de graines (tournesol, lin, pavot, chia)
- 30 g de flocons d'avoine
- 1 cuillerée à soupe de compote de pommes
- 20 g de noix de coco râpée
- 20 g de graines de sésame

Placer les noisettes et les noix de cajou dans le bol transparent avec le couteau métal.
Mixer 20 secondes pour les hacher.
Ajouter les dattes, le mélange de graines, les flocons d'avoine et la compote.
Mixer à nouveau pendant 10 à 20 secondes pour obtenir un mélange homogène.
Mélanger la noix de coco et le sésame dans un bol. Former des boules avec la pâte obtenue et les rouler dans le mélange coco-sésame.
Conserver dans une boîte hermétique au congélateur.

POUR : **10 BOUCHÉES** | PRÉPARATION : **15 MINUTES**
CUISSON : **20 MINUTES** | REPOS : **30 MINUTES**
PROGRAMME : **EXPERT**

BOUCHÉES COCO

- 400 g de chocolat au lait ou de chocolat noir pâtissier (ou un mélange des 2)
- 100 g de noix de coco râpée
- 150 g de lait concentré sucré

Placer le lait concentré et la noix de coco râpée dans le bol inox. Lancer le programme **EXPERT**, **30 secondes/vitesse 2A (sans cuisson)**.
Récupérer le mélange et former 10 à 12 petits lingots, les placer sur un papier sulfurisé et mettre au congélateur pendant 30 minutes environ. Rincer et sécher le bol, y placer le chocolat cassé en morceaux.
Lancer le programme **EXPERT**, **20 minutes/vitesse 2A/50 °C**. Le chocolat doit être fondu et lisse. S'il reste des morceaux, relancer le programme jusqu'à ce qu'ils soient fondus.
Mettre le chocolat dans un petit bol dont le fond doit tremper dans un grand bol d'eau chaude pour maintenir la température du chocolat et éviter qu'il ne refroidisse.
Tremper les petits lingots de coco à l'aide de 2 fourchettes dans le chocolat et les replacer sur le papier cuisson.
Laisser refroidir à température ambiante.
Peut se conserver au réfrigérateur dans une boîte hermétique, le chocolat va légèrement blanchir.

POUR : **16 TRUFFES** | PRÉPARATION : **15 MINUTES**
CUISSON : **15 MINUTES** | REPOS : **15 MINUTES**
PROGRAMME : **EXPERT**

TRUFFES VEGAN

- 200 g de chocolat noir pâtissier
- 50 ml de crème de soja (ou avoine, épeautre, coco)
- 2 cuillerées à soupe d'huile de coco
- 16 noisettes
- 25 g de cacao non sucré en poudre

Placer le chocolat cassé en morceaux, la crème de soja et l'huile de coco dans le bol inox. Lancer le programme **EXPERT**, **15 minutes/vitesse 2A/50 °C**. Le chocolat doit être fondu et lisse. S'il reste des morceaux, relancer le programme jusqu'à ce qu'ils soient fondus.
Mettre le mélange dans un bol au réfrigérateur pendant 15 minutes.
Préparer un bol avec des noisettes et une assiette creuse avec le cacao en poudre. Mettre 1 cuillerée à café de mélange au chocolat dans le creux de la main, poser 1 noisette dessus et fermer autour pour former une boule. Procéder rapidement pour ne pas faire trop fondre le chocolat. Poser dans l'assiette de cacao et rouler la boule pour l'enrober. Recommencer l'opération pour chaque noisette.
Conserver au réfrigérateur.

CAKES
SUCRÉS

CAKES

POUR : 6 PERSONNES | PRÉPARATION : 5 MINUTES
CUISSON : 50 MINUTES | PROGRAMME : PÂTE/GÂTEAU

- 200 g de poudre d'amandes
- 120 g de fécule de maïs
- 200 g de beurre salé
- 150 g de sucre en poudre
- 3 œufs
- 1 sachet de levure chimique

Préchauffer le four à 180 °C. Mettre tous les ingrédients dans le bol inox, lancer le programme **PÂTE/GÂTEAU**. Verser dans un moule à cake beurré et fariné, enfourner pour 50 minutes. La lame d'un couteau planté doit en ressortir sèche.

VERSION 1 : CITRON

Ajouter aux ingrédients le zeste râpé et le jus de 1 citron.

VERSION 2 : NOISETTE CHOCOLAT

Remplacer la poudre d'amandes par de la poudre de noisettes.
Ajouter aux ingrédients 150 g de pépites de chocolat noir.
Procéder de la même façon pour le mélange.

VERSION 3 : FRAMBOISES CHOCOLAT BLANC
Ajouter aux ingrédients 150 g de framboises surgelées et 100 g de pépites de chocolat blanc. Mélanger les pépites avec le reste des ingrédients avant de lancer le programme. Mélanger délicatement les framboises à l'appareil avant de verser dans le moule.

VERSION 4 : POMME CANNELLE
Ajouter aux ingrédients 150 g de pommes (reinette, golden, granny smith) et 1 cuillerée à café de cannelle. Râper la pomme dans le midi bol avec le disque éminceur 4 mm. Ajouter au reste des ingrédients avec la cannelle avant de lancer le programme.

PÂTES
À TARTINER

POUR : **1 POT DE 125 G** | PRÉPARATION : **5 MINUTES**
CUISSON : **0** | PROGRAMME : **EXPERT**

PÂTE À TARTINER CHOCO

- 4 cuillerées à soupe de purée de noisettes
- 1 sachet de sucre vanillé
- 2 cuillerées à soupe d'huile de coco
- 2 cuillerées à café de cacao en poudre
- 1 cuillerée à soupe de sirop d'agave

Mettre tous les ingrédients dans le bol inox. Lancer le programme **EXPERT**, **1 minute/vitesse 8 (sans cuisson)**. Pour les 10 dernières secondes, monter la vitesse à 18. Transvaser dans un bocal en verre. Se conserve à température ambiante.

POUR : **1 POT DE 250 G** | PRÉPARATION : **1 MINUTE**
CUISSON : **0** | PROGRAMME : **EXPERT**

PÂTE DE NOIX DE CAJOU

- 250 g de noix de cajou
- 100 ml d'eau
- 1 sachet de sucre vanillé

Mettre tous les ingrédients dans le bol inox, lancer le programme **EXPERT**, **20 minutes/vitesse 10 (sans cuisson)**. Transvaser dans un bocal en verre et conserver au frais.

POUR : **1 POT DE 250 G** PRÉPARATION : **1 MINUTE**
CUISSON : **2 HEURES** PROGRAMME : **EXPERT**

DULCE DE LECHE

- 45 cl de lait entier
- 150 ml de crème liquide
- 180 g de sucre
- 1 cuillerée à café de bicarbonate de soude
- 1 sachet de sucre vanillé

Mettre tous les ingrédients dans le bol inox. Lancer le programme **EXPERT**, **1 heure/vitesse 4/98 °C** sans bouchon. Relancer le programme **EXPERT**, **45 minutes/vitesse 4/110 °C** sans le bouchon. Relancer le programme **EXPERT**, **20 minutes/vitesse 2A/ 120 °C** sans le bouchon.
Transvaser dans un bocal en verre, laisser refroidir à température ambiante sans couvercle puis fermer et conserver au frais.

POUR : **1 POT DE 250 G** || PRÉPARATION : **5 MINUTES**
CUISSON : **5 MINUTES** || PROGRAMME : **EXPERT**

LEMON CURD

- Le jus et le zeste de 4 citrons bio de 200 g
- 2 cuillerées à café rases de fécule de maïs
- 2 œufs moyens (55 g environ)
- 100 g de sucre roux

Mettre tous les ingrédients dans le bol inox. Lancer le programme **EXPERT**, **5 minutes/vitesse 5/ 95 °C**. Transvaser dans un bocal en verre et conserver au frais.

BATCH COOKING
AUTOMNE-HIVER

POUR **4 PERSONNES ET 5 REPAS COMPLETS** | PRÉPARATION : **3 HEURES ENVIRON**
CUISSON : **3 H 30 AU COOK EXPERT/45 MINUTES AU FOUR** | PROGRAMMES : **PÂTE/GÂTEAU/EXPERT/SOUPE VELOUTÉE/VAPEUR**
ACCESSOIRES : **DISQUE ÉMINCEUR 2 MM, DISQUE RÂPEUR 2 MM**

LISTE DE COURSES

- 225 g de farine T65
- 220 g de cassonade
- 1 sachet de sucre vanillé
- 1 sachet d'agar agar
- 175 g de tahiné
- 50 g de flocons d'avoine
- Graines de sésame
- 50 g de petites pâtes à bouillon
- 600 g de châtaignes cuites sous vide
- 40 g de poudre d'amandes
- 300 g de boulgour
- 100 g de raisins secs
- 150 g de riz rond blanc
- 200 g de riz basmati
- Spaghettis
- 1 gousse de vanille

- 165 g de beurre salé
- 1 l + 50 ml de lait
- 800 ml de crème liquide
- 200 g de fromage bleu
- 2 cuisses de poulet entières
- 6 œufs
- Fromage blanc

- ½ chou rouge
- ½ chou blanc
- 1 gros brocoli
- 3 betteraves de 300 g chacune
- 200 g de carottes
- 4 oignons jaunes
- 1 butternut de 1 kg
- 2 navets
- 2 poireaux
- 750 g d'épinards
- 500 g de champignons de Paris
- 20 g de gingembre
- 1 branche de romarin
- 1 bouquet de persil
- 1 bouquet de ciboulette
- 3 gousses d'ail
- 1 grenade
- 4 pommes
- 2 citrons

DANS LE PLACARD

- Huile d'olive
- Sel
- Poivre noir
- Noix de muscade
- Miel
- Vinaigre
- Curcuma en poudre
- Sauce soja
- Huile de sésame
- 2 clous de girofle
- 2 étoiles de badiane
- 1 bâton de cannelle
- Cointreau
- Huile de sésame

Lundi : betterave et carottes râpées, sauce curcuma/quiche bleu champignons/panna cotta.

Mardi : brocoli mariné/poulet sauté aux épinards et oignons/crumble.

Mercredi : houmous de betterave/légumes et bouillon aux petites pâtes/riz au lait.

Jeudi : salade de betterave, œufs durs sauce au curcuma/boulgour aux raisins secs et butternut/pommes et crème de marron.

Vendredi : velouté châtaigne-butternut/chou rouge sauté/fromage blanc et crème de marrons.

Mettre 125 g de farine, 65 g de beurre salé et 50 ml de lait dans le bol inox. Lancer le programme **PÂTE/GÂTEAU**. Former une boule avec la pâte, la placer au réfrigérateur. Rincer le bol.

Installer le bol inox, ajouter 600 ml de crème liquide, 60 g de cassonade , 1 cuillerée à soupe de Cointreau (facultatif), verser 2 g d'agar agar en pluie, lancer le programme **EXPERT**, **10 minutes/vitesse 1A/110 °C**. Verser le liquide chaud dans 4 verres, laisser refroidir à température ambiante. Rincer la bol inox.

Pendant la préparation de la panna cotta, rincer les choux et le brocoli, retirer les premières feuilles des choux et couper la partie centrale qui est dure. Peler la petite betterave. Couper le brocoli en fleurettes. Éplucher les oignons.

Installer le midi bol avec le disque éminceur 2 mm. Émincer la moitié des fleurettes de brocoli, réserver. Émincer le chou rouge et le chou blanc, réserver. Rincer le bol. Émincer les oignons (garder un oignon entier), réserver. Rincer le bol, installer le disque râpeur 2 mm, râper les carottes, réserver. Râper 1 betterave épluchée, réserver.

Mettre les cuisses de poulet coupées en 2, 1 branche de romarin, le morceau de gingembre coupé en 4, 2 clous de girofle, 2 étoiles de badiane, 1 bâton de cannelle, 1 cuillerée à soupe de gros sel, 2 gousses d'ail écrasées et 1 cuillerée à café de grains de poivre noir dans le bol inox, couvrir d'eau à hauteur. Lancer le programme **EXPERT**, **1 heure/vitesse 0/100 °C**.

Rincer les herbes et le reste des légumes. Couper les poireaux en 3, les navets en 4. Effeuiller les herbes, les ciseler et les placer dans un bocal avec un papier absorbant au fond. Ranger les choux émincés dans un sac congélation ou une boîte, ranger la betterave et les carottes dans un sac congélation ou une boîte, placer au réfrigérateur. Ranger la moitié des oignons émincés dans un sac congélation ou une boîte, placer au congélateur. Éplucher le butternut, enlever les graines, le couper en dés. Réserver.

Mettre les brocolis émincés dans un grand bol, arroser de 4 cuillerées à soupe de sauce soja, 4 cuillerées à soupe d'huile de sésame, 10 g de gingembre râpé, 1 gousse d'ail hachée, 2 pincées de poivre moulu. Bien mélanger, parsemer de 1 cuillerée à soupe de graines de sésame, ranger dans une boîte ou un sac congélation, placer au réfrigérateur.

Au bout de 30 minutes de cuisson du bouillon, ajouter les navets coupés en 4, la moitié des fleurettes de brocoli et les poireaux coupés en 3. Relancer pour finir le programme.

Sortir la pâte du réfrigérateur, l'étaler aux dimensions du moule à tarte. Foncer le moule. Le mettre au réfrigérateur.

Ouvrir la grenade en 2 dans la largeur, placer une moitié dans une main, les graines tournées vers la paume, au-dessus d'un saladier et taper fortement sur la peau avec un rouleau à pâtisserie pour faire tomber les graines. Ranger les graines dans une boîte ou un sac congélation, placer au réfrigérateur. Peler les pommes, les couper en 4, retirer le cœur, les arroser de jus de citron. Réserver. Enlever la partie abimée des pieds de champignon puis couper les champignons en 4. Réserver.

À la fin de la cuisson du bouillon de poulet, mettre les légumes cuits dans une boîte ou un sac congélation, mettre les cuisses dans une boîte, laisser refroidir à température ambiante. Verser le bouillon à travers une passoire fine, le placer dans une boîte ou un sac congélation, laisser refroidir à température ambiante.

Préchauffer le four à 180 °C. Placer le reste des oignons émincés dans le bol inox avec les champignons coupés en 4 et 2 cuillerées à soupe d'huile d'olive. Lancer le programme **EXPERT**, **5 minutes/vitesse 1A/140 °C**. À la fin du programme, ajouter 20 cl de crème liquide, 2 œufs, 1 pincée de noix de muscade, 2 pincées de sel, 1 pincée de poivre moulu. Lancer le programme **EXPERT**, **30 secondes/ vitesse 3 (sans cuisson).**

Sortir le moule du réfrigérateur, verser la préparation aux oignons et aux champignons, poser dessus des morceaux de fromage bleu et enfourner pour 45 minutes. Rincer le bol inox.

Mettre 200 g de châtaignes sous vide et 500 g de butternut en dés, un cube de bouillon de légumes et l'oignon pelé entier coupé en 4 dans le bol inox, ajouter 500 ml d'eau.
Lancer le programme **SOUPE VELOUTÉE** **pour 20 minutes**.

Pour la pâte à crumble : peser et mettre dans un bol 100 g de beurre salé, 100 g de farine T65, 50 g de flocons d'avoine, 40 g de poudre d'amandes, 60 g de cassonade.

Verser la soupe cuite et mixée dans un grand bol et laisser refroidir à température ambiante. Rincer le bol inox.

Installer le mini bol, mettre la préparation pour pâte à crumble, **mixer 30 secondes à vitesse 8**.
Placer dans un sac congélation ou une boîte au réfrigérateur. Rincer le bol.

Installer le mini bol, mettre 100 ml de jus de citron, 1 cuillerée à soupe de curcuma en poudre, 125 g de tahiné, 1 cuillerée à soupe d'herbes ciselées, 50 ml d'huile d'olive, 75 ml d'eau et 1 pincée de sel.
Mixer 10 secondes à vitesse 10. Débarrasser dans un bocal, placer au réfrigérateur.

Installer le bol inox avec 500 ml d'eau, mettre les betteraves restantes coupées en 2 dans l'eau, placer le panier vapeur avec les épinards et lancer le programme **VAPEUR**.
À la fin du programme, enlever les épinards, les égoutter dans une passoire, mettre les quartiers de pomme à la place, placer la grille vapeur dessus, ranger les œufs, relancer le programme **VAPEUR**.

Sortir les œufs, les laisser refroidir dans de l'eau glacée. Mettre les pommes dans une boîte, sortir les betteraves, les laisser refroidir à température ambiante.

Mettre 250 g de châtaignes sous vide dans le bol inox avec 125 ml d'eau, 1 sachet de sucre vanillé et 50 g de cassonade. Lancer le programme **SOUPE VELOUTÉE**, **15 minutes.**

Verser la crème de marrons dans un bocal, laisser refroidir à température ambiante. Rincer le bol inox.

Installer le bol transparent avec le couteau métal, mettre 2 moitiés de betterave cuites pelées avec 150 g de châtaignes sous vide, 50 g de tahiné, le jus de 1 citron, 1 cuillerée à café de cumin en poudre, 2 pincées de sel, 1 pincée de poivre moulu, 2 cuillerées à soupe d'huile d'olive. **Mixer 30 secondes à vitesse 10**. Ajouter un peu d'eau au besoin et mixer à nouveau.

Installer le bol inox avec 300 g de boulgour, le reste de butternut en dés, 100 g de raisins secs et 1 pincée de sel. Lancer le programme **EXPERT**, **20 minutes/vitesse 1A/100 °C**. Verser le boulgour cuit dans une boîte, laisser refroidir à température ambiante. Rincer le bol inox.

Verser le houmous dans un bocal, placer au réfrigérateur.

Peler et couper en cubes le reste des betteraves cuites, ranger dans une boîte ou un sac congélation et placer au réfrigérateur.

Mettre 150 g de riz rond blanc, 100 g de cassonade, 1 l de lait entier, 1 gousse de vanille fendue et grattée avec ses graines dans le bol inox. Lancer le programme **EXPERT**, **45 minutes/vitesse 1A/100 °C** sans le bouchon.
À la fin du programme, remettre le bouchon sur le couvercle et laisser la préparation refroidir dans le bol inox.

Retirer les os des cuisses de poulet, effilocher la chair et la peau.

Ranger les préparations refroidies dans des boîtes hermétiques, des bocaux ou des sachets congélation au réfrigérateur.
Le velouté châtaigne-butternut doit être placé au congélateur.

Mercredi :
Servir le houmous à tartiner sur du pain.
Verser le bouillon dans une casserole avec 50 g de pâtes à bouillon. Laisser cuire le temps indiqué, ajouter les brocolis, les navets et les poireaux coupés en morceaux 1 minute avant la fin de la cuisson. Servir avec des herbes ciselées.
Servir le riz au lait au dessert.

Jeudi :
Mettre la moitié des pommes dans un plat à gratin, verser la pâte à crumble dessus, enfourner pour 30 minutes à 200 °C.
Écaler les œufs, les couper et mélanger avec les betteraves, le reste de sauce tahiné et les herbes ciselées. Servir en entrée.
Réchauffer le boulgour pour le plat.
Servir le crumble tiède avec de la crème épaisse.

Vendredi :
Décongeler le velouté châtaignes-butternut.
Mettre les choux émincés dans le bol inox avec le reste des oignons surgelés émincés, 2 cuillerées à soupe de cassonade, 1 cuillerée à soupe de vinaigre. Lancer le programme **EXPERT**, **40 minutes/vitesse 1A/120 °C.**
Servir le chou et le velouté chauds avec du pain grillé.
Servir du fromage blanc ou du riz au lait s'il en reste avec la crème de marrons.

LE JOUR MÊME

Lundi :
Réchauffer la quiche au four.
Servir les carottes et la betterave râpée avec la sauce au tahiné et parsemer d'herbes ciselées.
Panna cotta pour le dessert.

Mardi :
Mettre 200 g de riz basmati rincé et 200 ml d'eau dans un bol adapté au panier vapeur. Verser 500 ml d'eau dans le bol inox, placer le panier vapeur avec le bol de riz, lancer le programme **VAPEUR**.
Servir les brocolis marinés en entrée.
Vider le bol inox, garder le riz au chaud, la replacer, verser 2 cuillerées à soupe d'huile d'olive, ajouter la moitié des oignons émincés surgelés, lancer le programme **EXPERT**, **5 minutes/vitesse 1A/140 °C**. Ajouter la moitié du poulet effiloché, les épinards, le riz, 2 cuillerées à soupe de sauce soja et relancer le programme **EXPERT**, **2 minutes/vitesse 1A/100 °C.** Servir aussitôt.
Servir les pommes cuites avec du fromage blanc et du miel.

BATCH COOKING
PRINTEMPS-ÉTÉ

POUR 4 PERSONNES ET 5 REPAS COMPLETS | PRÉPARATION : 2 H 30 ENVIRON | CUISSON : 1 H 30 AU COOK EXPERT/1 H 30 AU FOUR
PROGRAMMES : PÂTE/GÂTEAU/EXPERT/SOUPE MOULINÉE/SOUPE VELOUTÉE/ROBOT/VAPEUR/SMOOTHIE/DESSERT GLACÉ
ACCESSOIRES : DISQUE ÉMINCEUR 2 MM, DISQUE RÂPEUR 2 MM

LISTE DE COURSES

- 405 g de farine T65
- 50 g de cassonade
- 1 sachet de sucre vanillé
- 1 sachet de levure chimique
- 250 g de tahiné
- 50 g de pépites de chocolat
- 30 g de flocons d'avoine
- 20 g de graines de sésame
- 20 g de noix de coco râpée
- Huile de coco
- 15 g de miel
- 90 g de noisettes
- 400 g de pois chiches
- 250 g de riz basmati
- 160 g de thon en boîte nature
- 1 paquet de spaghettis
- 225 g de beurre salé
- 75 cl de lait
- 200 g de fromage de chèvre frais
- 150 g de lardons
- 300 g de Saint-Morêt®
- 200 g d'emmental râpé
- 4 œufs
- 250 g de parmesan
- Glace au yaourt
- Lait végétal
- Fromage blanc

- 250 g de pommes de terre
- 800 g de courgettes
- 1 concombre long
- 1 kg de carottes
- 1 bouquet de basilic
- 1 bouquet de coriandre
- 1 bouquet de menthe
- 500 g de pommes
- 500 g de bananes
- 1 botte de radis
- 250 g de haricots verts
- 1 botte d'asperges
- 2 oignons nouveaux
- 750 g de tomates cerises
- 125 g de pousses d'épinard
- 200 g de roquette
- 1 échalote
- 2 pêches
- 3 abricots
- 2 citrons
- 1 gousse d'ail
- 250 g de fraises

DANS LE PLACARD

- Huile d'olive
- Sel
- Poivre noir
- Noix de muscade
- Cassonade
- Moutarde
- Origan ou thym
- Cannelle en poudre
- Vinaigre

Lundi : tarte tomate/salade légumes râpés sauce au tahiné/ milkshake fraise-granola.

Mardi : rillettes de thon/gratin de légumes râpés/roquette vinaigrette.

Mercredi : pâtes au pesto/compote/granola.

Jeudi : houmous/légumes vapeur sauce au tahiné/œufs durs/ fromage blanc-biscuits.

Vendredi : velouté de courgettes/riz sauté aux lardons/ crème glacée minute-granola.

Mettre 125 g de farine, 50 g de beurre salé, 20 ml d'huile d'olive et 50 ml d'eau dans le bol inox. Lancer le programme **PÂTE/GÂTEAU**. Former une boule avec la pâte, la placer au réfrigérateur. Rincer le bol.

Mettre 125 g de beurre mou, 50 g de cassonade, 1 sachet de sucre vanillé, 75g de tahiné, 230 g de farine, ½ sachet de levure chimique et 50 g de pépites de chocolat dans le bol inox. Lancer le programme **PÂTE/GÂTEAU**.

Étaler la pâte entre 2 feuilles de papier de cuisson sur 5 mm d'épaisseur et placer au réfrigérateur.

Rincer et sécher les fruits, les légumes, les salades et les herbes. Effeuiller les herbes, les placer dans un bocal avec du papier absorbant humide au fond. Éplucher les pommes de terre.

Installer le midi bol avec le disque éminceur 2 mm. Émincer la moitié du concombre. Réserver. Installer le disque râpeur 2 mm, râper les carottes, réserver. Râper les pommes de terre, réserver.

Installer le bol inox, mettre 50 g de beurre, 50 g de farine. Lancer le programme **EXPERT**, **4 minutes/vitesse 1A/ 140°C**. Ajouter 75 cl de lait, 1 pincée de noix de muscade, saler, poivrer et lancer le programme **EXPERT**, **8 minutes/vitesse 4/95 °C**.

Préchauffer le four à 180 °C. Mettre la moitié des carottes râpées et les pommes de terre râpées dans un plat à gratin. Verser dessus la béchamel, mélanger, parsemer de 200 g de fromage de chèvre frais émietté et de feuilles de basilic. Enfourner pour 30 minutes. Rincer le bol inox.

Éplucher les pommes, les couper en quartiers, retirer le cœur, les placer dans le bol inox avec les bananes épluchées coupées en rondelles. Lancer le programme **SOUPE MOULINÉE**, **20 minutes.**

Couper les radicelles et fanes des radis, conserver les fanes.

Couper le reste de concombre en bâtonnets, les ranger avec les radis dans une boîte ou un sac congélation hermétique au réfrigérateur

Équeuter les haricots verts. Couper les courgettes en rondelles de 1 cm d'épaisseur.

Enlever la partie dure des asperges. Ranger la moitié des courgettes en rondelles, les asperges et les haricots verts dans une boîte hermétique ou un sachet congélation, mettre au réfrigérateur.

Couper le vert des oignons nouveaux, le réserver, couper le blanc en quartiers, les ranger dans une boîte hermétique ou un sac congélation avec les lardons et placer au réfrigérateur.

Couper 500 g de tomates cerises en 2. Ranger le reste des tomates cerises entières avec les carottes râpées, le concombre émincé et les pousses d'épinard dans un sachet ou une boîte hermétique. Placer au réfrigérateur. Éplucher l'échalote.

Couper les pêches et les abricots en quartiers, retirer les noyaux, les placer dans une boîte ou un sac congélation et mettre au congélateur.

Verser la compote dans un récipient, laisser refroidir à température ambiante. Rincer le bol inox.

Mettre le reste des courgettes, 150 g de Saint-Morêt®, le vert des oignons nouveaux, 250 ml d'eau, 12 feuilles de menthe, 1 pincée de sel et 1 pincée de poivre dans le bol inox. Lancer le programme **SOUPE VELOUTÉE**, **20 minutes.**

Sortir le gratin du four, laisser refroidir à température ambiante.

Étaler la pâte à tarte et foncer un moule. Étaler la moutarde au fond, poser les tomates cerises coupées en 2, parsemer d'origan, saler, poivrer et parsemer de fromage râpé. Enfourner pour 30 minutes à 180 °C.

Sortir la pâte à biscuits, former des biscuits avec un emporte-pièce ou en coupant des rectangles. Les placer espacés sur une plaque allant au four recouverte de papier de cuisson.

Verser le velouté dans un récipient et laisser refroidir à température ambiante.

Installer le mini bol, mettre 30 g de flocons d'avoine, 20 g de graines de sésame, 20 g de noix de coco râpée, 15 g d'huile de noix de coco, 15 g de miel, 1 cuillerée à café de cannelle et 40 g de noisettes. **Mixer 10 secondes**. Verser et étaler le mélange de granola sur un plat allant au four recouvert de papier de cuisson. Rincer le bol et la lame.

Installer le mini bol, mettre 100 ml de jus de citron, 125 g de tahiné, 50 ml d'huile d'olive, 75 ml d'eau, 4 branches de coriandre effeuillées et 1 pincée de sel. **Mixer 10 secondes**. Débarrasser dans un bocal, placer au réfrigérateur. Rincer le bol et la lame.

Installer le mini bol, mettre 400 g de pois chiches en conserve égouttés, 50g de tahiné, le jus de ½ citron, 2 cuillerées à soupe d'huile d'olive, 4 cuillerées à soupe d'eau, 1 pincée de sel et 1 petite gousse d'ail. **Mixer 1 minute.** Verser dans un bocal, placer au réfrigérateur.

Sortir la tarte du four. Baisser la température à 170 °C. Enfourner les biscuits pour 11 minutes. Les biscuits sont fragiles lorsqu'ils sortent du four, les laisser refroidir sur la plaque à température ambiante.

Rincer le riz, mettre 500 ml d'eau dans le bol inox, placer le panier vapeur, mettre le riz et 250 ml d'eau dans un bol de taille adaptée au panier vapeur, lancer le programme **VAPEUR**, **25 minutes.** Au bout de 15 minutes, mettre 4 œufs dans le panier s'il reste de la place ou directement dans l'eau sans les casser. Lancer la fin du programme.

Lorsque le programme est fini, mettre les œufs dans de l'eau bien froide, les casser dans l'eau et laisser refroidir dans l'eau. Mettre le riz dans un récipient, laisser refroidir à température ambiante.

Enfourner le granola pour 15 minutes. Éteindre le four, laisser refroidir à température ambiante.

Installer le mini bol, mettre 160 g de thon au naturel en boîte égoutté, 150 g de Saint-Morêt®, 1 pincée de sel, 1 pincée de poivre noir moulu, 2 cuillerées à soupe d'huile d'olive et 1 échalote coupée en 4. **Mixer 30 secondes.** Débarrasser dans un bocal, placer au réfrigérateur.

Installer le mini bol, mettre les fanes de radis, 20 g de basilic, 100 ml d'huile d'olive, 150 g de parmesan, 50 g de noisettes, 50 ml d'eau, 1 pincée de sel et 1 pincée de poivre. **Mixer 20 secondes**. Débarrasser dans un bocal, mettre au réfrigérateur. Rincer le bol et la lame.

Ranger les préparations refroidies dans des boîtes hermétiques, des bocaux ou des sachets congélation au réfrigérateur. Le granola et les biscuits peuvent rester à température ambiante dans un récipient à l'abri de l'humidité. Le velouté de courgette doit être placé au congélateur.

LE JOUR MÊME

Lundi :
Réchauffer la tarte au four.
Servir les carottes râpées, les concombre en lamelles, les tomates et les pousses d'épinard avec la sauce au tahiné et des herbes ciselées.
Mixer les fraises équeutées avec 4 boules de glace au yaourt et 50 cl de lait végétal dans le bol inox, programme **SMOOTHIE**.

Mardi :
Réchauffer le gratin au four.
Servir les rillettes de thon avec du pain.
Servir la roquette avec une vinaigrette simple.

Mercredi :
Faire cuire 400 g de spaghettis al dente.
Garder 1 louche d'eau de cuisson, la mélanger au pesto avant de l'ajouter aux pâtes. Mélanger, servir avec du parmesan râpé.
Servir la compote avec du granola.

Jeudi :
Servir le houmous avec les radis et le concombre en bâtonnets. Mettre les courgettes, les haricots verts et les asperges dans le panier vapeur, mettre 500 ml d'eau dans le bol, placer le panier, lancer le programme **VAPEUR**.
Servir avec le restant de la sauce au tahiné, les œufs durs et des herbes ciselées.
Servir le fromage blanc avec les biscuits.

Vendredi :
Décongeler le velouté de courgettes. Servir chaud ou froid parsemé d'herbes ciselées.
Mettre les lardons et les oignons dans le bol inox avec 2 cuillerées à soupe d'huile d'olive, lancer le programme **EXPERT**, **5 minutes/vitesse 1A/140 °C**.
Ajouter le riz, relancer le programme **EXPERT**, **5 minutes/vitesse 1A/100 °C**.
Rincer le bol inox, y placer les pêches et les abricots congelés, 1 cuillerée à soupe de cassonade, lancer le programme **DESSERT GLACÉ**. Servir immédiatement avec du granola.

TABLE DES RECETTES

58, rue Jean Bleuzen, 92178 Vanves Cedex

Création graphique et mise en page : Graph'm
Relecture : Claire Chamot

4481159
ISBN : 978-2-501-13642-6
Dépôt légal : novembre 2018
Achevé d'imprimer en novembre 2018 par Cayfosa

PAPIER À BASE DE FIBRES CERTIFIÉES

MARABOUT
s'engage pour l'environnement en réduisant l'empreinte carbone de ses livres.
Celle de cet exemplaire est de :
2200 g éq. CO_2
Rendez-vous sur www.marabout-durable.fr